FISCH

LEICHT UND KÖSTLICH

BELLAVISTA

FISCH

LEICHT UND KÖSTLICH

BELLAVISTA

Die Originalausgabe erschien 1998 in Großbritannien
unter dem Titel **Fish** in der Reihe **Kitchen Library**
bei Hamlyn/Octopus Publishing Group Limited
2–4 Heron Quays, London E 14 4JP

Bellavista Verlag, einem Imprint der
Verlag Karl Müller GmbH
Venloer Straße 1271, D-50829 Köln
www.karl-mueller-verlag.de

Printed in China

Redaktion und Satz: Redaktionsbüro Cornelia Klaeger, München
Umschlaggestaltung: Dr. Alex Klubertanz
Umschlagfoto: Octopus Publishing Group Ltd.
Rezeptfotos: Octopus Publishing Group Ltd.

ISBN 3-89893-092-0

Inhalt

EINLEITUNG

Fisch ist ein wichtiger Bestandteil der gesunden Küche. Er enthält wertvolle mehrfach ungesättigte Fettsäuren, insgesamt jedoch nur wenig Fett, und leicht verdauliches Eiweiß.

FISCHARTEN

Da Fisch auf offener See gefangen wird, ist das aktuelle Angebot nie vorherzusehen – es hängt sehr stark von der Fangmenge und den gefangenen Fischarten ab. Glücklicherweise gibt es für die meisten Fischarten eine Alternative, so daß geschäftige Köche nur selten ihren Speiseplan deshalb ändern müssen, weil der eingeplante Fisch nicht erhältlich ist. Fisch wird in mehrere Gruppen eingeteilt:

Die Gruppe der dorschartigen Fische umfaßt einige der beliebtesten Fische wie Kabeljau, Schellfisch und Seehecht. Sie gehören alle zur gleichen Familie und haben festes, helles Fleisch. Dorschartige Fische eignen sich gut zum Grillen, Dämpfen, Garen im Ofen und Fritieren.

Eine weitere große Fischgruppe stellen die Plattfische dar. Hierzu zählen die vorzügliche Seezunge, Scholle, Flunder und Scharbe sowie die wesentlich größeren Arten Heilbutt und Steinbutt. Plattfische haben beide Augen auf der

Oberseite ihres Kopfes und ein sogenanntes laterales Skelett, weshalb zwei Filetstücke auf jeder Seite herausgelöst werden können. Ganz im Gegensatz zu Rundfischen, aus denen ein Filet pro Seite geschnitten wird.

Bei Rundfischen, zu denen Lachs und Haifisch zählen, sitzen die Augen jeweils auf einer Seite des Kopfes. Fettfische, wie Forelle, Makrele, Hering und Sardine, sind ebenfalls Rundfische. Ihr Fleisch ist sehr fettreich, was die unterschiedlichen Farbschattierungen vom aparten Apricot der Regenbogenforelle bis hin zum dunklen Grau oder Rotstich von Sardinen und Makrelen verursacht. Fettfische sollten immer frisch sein, denn der hohe Fettgehalt führt zum schnellen Verderb.

Thunfisch und Schwertfisch erfreuen sich bei uns immer größerer Beliebtheit. Sie werden üblicherweise als Steaks oder in großen Portionsstücken angeboten. Beide Fischarten eignen sich gut zum Grillen und zum Braten in der Pfanne.

Eine weitere Fischgruppe bildet der Seeteufel, der weder rund noch flach ist. Er hat einen großen Kopf, den Sie allerdings nur selten an den Fischtheken bewundern können, und wird meist in ganzen Schwanzstücken verkauft. Sein festes Fleisch wird nur von einer Mittelgräte durchlaufen und zeichnet sich durch einen milden, süßlichen Geschmack aus. Seeteufel eignet sich gut für Eintöpfe, überbackene Gerichte, Kurzgebratenes oder Spieße. Kalt mit Mayonnaise serviert, ist Seeteufel ein herrliches, leichtes Sommergericht.

Zu den Meeresfrüchten rechnet man alle Arten, deren Fleisch sich in einer Schale befinden. Sie werden in Krustentiere, wie Hummer, Krebs und viele Garnelenarten, sowie Weichtiere, zum Beispiel Austern, Miesmuscheln, Jakobsmuscheln und Venusmuscheln, unterteilt. Krustentiere haben Schale und Beine, Weichtiere hingegen nur eine Schale und keine Beine.

FISCH EINKAUFEN

Wenn Sie frischen Fisch kaufen, sollten Sie dabei immer folgende Punkte beachten:

- Der Fisch sollte einen frischen, angenehmen Duft nach Meer und Seegras verströmen: Ein fischiger Geruch weist darauf hin, daß der Fisch nicht mehr frisch ist!
- Ganze, frische Fische haben leuchtende, klare Augen, die nicht verschwommen oder eingesunken sein dürfen. Die Kiemen sind leuchtend-rot.
- Die Schuppen von frischen Fischen sind glänzend und nicht beschädigt. Lassen Sie sich nicht von der natürlichen Schleimschicht mancher Fische abschrecken, sie läßt sich leicht abspülen.
- Frisches Fischfleisch muß sich fest und elastisch anfühlen. Es darf unter Fingerdruck nicht nachgeben.
- Bereits geschnittene Fischfilets sollten feuchtes, leuchtendes Fleisch besitzen, das nicht wäßrig aussieht. Weißes Fischfleisch sollte wirklich weiß sein. Versuchen Sie immer, Filets und Steaks zu kaufen, von denen Sie wissen, daß sie gerade erst geschnitten wurden. Vorbereitetes Fischfleisch ist schneller verderblich als ein ganzer Fisch.
- Wenn möglich, sollten Sie immer einen ganzen Fisch kaufen. Zum einen kann die Qualität einfacher beurteilt und zum anderen können bei weißem Fischfleisch die Abfälle zum Kochen von Fond verwendet werden.

FRISCHEN FISCH AUFBEWAHREN

Idealerweise verarbeitet man Fisch nach dem Kauf so bald wie möglich, denn nur so kann sein wunderbarer Geschmack voll zur Geltung kommen. Sollten Sie einmal nicht die Möglichkeit haben, den Fisch sofort zuzubereiten, kann ein ganzer Fisch problemlos für ein oder zwei Tage im Kühlschrank aufbewahrt werden. Vorausgesetzt, das Fleisch war beim Kauf wirklich frisch. Steaks und Filets müssen dagegen innerhalb von 24 Stunden zubereitet werden.
Einen ganzen, frischen Fisch sollten Sie immer ausgenommen, also küchenfertig, aufbewahren. Und zwar möglichst in einem Frischhaltebeutel verpackt, auf Eiswürfel gelegt. Bereits geschnittener Fisch sollte im Kühlschrank nicht in direkten Kontakt mit Eis gebracht werden, da das Eis dem Fleisch Farbe sowie Feuchtigkeit und Saft entzieht.

FISCH AUS DEM VORRAT

Frischfisch ist saisonabhängig – tiefgekühlter oder geräucherter Fisch sowie Konserven dagegen sind das ganze Jahr über zu erhalten und können ideal im Tiefkühlgerät oder Vorratsschrank aufbewahrt werden.
Tiefgekühlter Fisch ist von bester Qualität. Normalerweise wird er direkt nach dem Fang küchenfertig vorbereitet und dann eingefroren. So bleibt seine Frische erhalten und er kann ohne großen Aufwand in der Küche weiterverarbeitet werden. Tiefgekühltes, weißes, fettarmes Fischfleisch kann ohne Bedenken im Tiefkühlgerät bis zu 4 Monate lang gelagert werden. Fisch mit einem hohen Fettgehalt sollte möglichst innerhalb von 3 Monaten verarbeitet werden. Meeresfrüchte, insbesondere die tiefgekühlten Garnelen, die in Supermärkten abgepackt angeboten werden, verwendet man am besten innerhalb von 2 Monaten.
Beachten Sie die Aufschrift „zuvor tiefgekühlt" an Fischtheken. Dieser Fisch – häufig Arten, die lange Transportwege hinter sich haben –, kann ebenso wie frischer Fisch verarbeitet, allerdings nicht wieder eingefroren werden.
Frischer Fisch läßt sich nicht einfach zu Hause einfrieren, da in Haushaltsgeräten der Tiefkühlprozeß langsamer vonstatten geht als in großen Industriegeräten. Beim langsameren Gefrieren bilden sich Eiskristalle, die die Zellwände zerstören, wodurch Geschmack und Struktur des Fischfleischs beeinträchtigt werden. Sollten Sie doch einmal einen ganzen Fisch zu Hause einfrieren, müssen Sie ihn gut ausnehmen, säubern und gründlich waschen, bevor er in Gefrierbeutel verpackt wird. Das Tiefkühlgerät dann auf die tiefste Temperatur (Schnellgefrierstufe) stellen.
Fischkonserven können wesentlich länger gelagert werden als tiefgekühlter Fisch. Sie eignen sich gut für die Vorratshaltung und sind fast unentbehrlich für die schnelle Küche.
Räuchern ist eine Methode der Fischkonservierung, durch die das Fischfleisch einen aromatischen, rauchigen Geschmack erhält. Angeboten werden die unterschiedlichsten Räucherfische. Am beliebtesten sind bei uns Räucheraale, Schillerlocken, geräucherte Makrelen, Lachse und Forellen.

FISCH VORBEREITEN

Wenn Sie ganze Fische kaufen, bitten Sie Ihren Fischhändler darum, diese fachgerecht zu schuppen und auszunehmen. Sie können sich die Fischabfälle, zum Beispiel zum Kochen eines Fonds, mitgeben lassen. Natürlich können Sie auch zu Hause selbst den Fisch küchenfertig vorbereiten.

Außer einem großen Küchenmesser, das zum Schneiden von Fisch und Gräten verwendet wird, und einer Küchenschere zum Abschneiden der Kiemen, benötigen Sie noch ein gutes, sehr scharfes Messer mit biegsamer Klinge zum Filetieren.

Schuppen Den Fisch über dem Spülbecken schuppen. Am Schwanz halten und mit der stumpfen Klinge eines Küchenmessers die Schuppen vom Schwanz in Richtung Kopf von der Fischhaut schaben. Wenn eine Seite fertig geschuppt ist, den Fisch wenden und die andere Seite bearbeiten. Wenden Sie nicht zu viel Kraft an, denn die Schuppen lassen sich ganz leicht entfernen. Anschließend den geschuppten Fisch gut waschen und mit Küchenpapier trockentupfen.

Zum Ausnehmen von Rundfischen den Fisch auf der Unterseite vom Kopf bis zum Ende der Bauchhöhle aufschlitzen. Eingeweide entfernen und wegwerfen, da sie nicht für den Fond verwendet werden können. Die an der Wirbelsäule liegende Niere herausschaben. Die Bauchhöhle gut auswaschen und trockentupfen.

Zum Ausnehmen von Plattfischen die Fische mit der dunklen Hautseite nach oben auf die Arbeitsfläche legen und das Fleisch an der Mittelgräte entlang vom Kopf bis zur Schwanzflosse hin aufschlitzen. Dabei immer dicht an der Mittelgräte bleiben. Eingeweide entfernen und wegwerfen. Fisch gut waschen und trockentupfen.

Filetieren Hierfür benötigen Sie ein sehr scharfes Messer mit dünner, biegsamer Klinge. Kopf, Gräten und Abfälle, die beim Filetieren anfallen, sollten Sie für einen Fischfond verwenden.

Zum Filetieren von Rundfischen den geschuppten und ausgenommenen Fisch flach auf die Arbeitsfläche legen. Auf einer Seite des Rückgrats

die Haut vom Kopf, direkt hinter der Kiemenöffnung, bis zum Schwanz entlang der Mittelgräte einschneiden. Dann das Messer flach an der Mittelgräte entlang führen und das Filet vorsichtig vom Kopf bis zum Schwanz von den Gräten schneiden. Mit einem zweiten Schnitt vollständig von den Gräten lösen und beiseite legen. Den Fisch wenden und das zweite Filet von den Gräten lösen.

Zum Filetieren von Plattfischen den ausgenommenen Fisch am Flossensaum entlang mit der Spitze eines scharfen Messers einschneiden, um

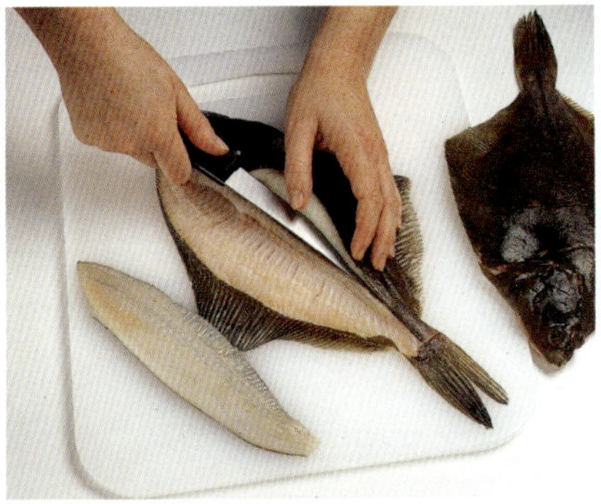

die Filets zu markieren. Den Fisch mit der Spitze des Messers unmittelbar hinter dem Kopf bis zum Knochen halbkreisförmig, entlang der Mittelgräte in einer geraden Linie bis zum Rückgrat einschneiden. Dabei das Messer so flach wie möglich halten und das Filet von den Gräten ablösen. Weiterschneiden, bis das Filet und das Fleisch, das entlang der Flossen verläuft, in einem Stück abgelöst sind. Den Fisch wenden und das zweite Filet von den Gräten lösen.

Filets häuten Das Fischfilet mit der Hautseite nach unten auf die Arbeitsfläche legen. Die Haut am Schwanzende mit einem kleinen Schnitt vom Fleisch lösen. Das freiliegende Hautende festhalten, das Messer zwischen Haut und Fleisch führen und das Filet in Richtung Kopf häuten.

FISCHFOND

Guter Fischfond stellt in vielen Rezepten dieses Buchs eine essentielle Zutat dar. Er ist unentbehrlich für den guten Geschmack von Chowders, Eintöpfen, Suppen und Soßen. Kopf, Schwanzflossen und Gräten von weißem Fisch, wie Kabeljau und

Scholle, sind eine hervorragende Grundlage für den Fischfond. Besorgen Sie sich am besten Fischabfälle von Ihrem Fischhändler.
Es lohnt sich, gleich die doppelte Menge an Fischfond zu kochen, denn er kann gut eingefroren werden, sollte dann allerdings innerhalb von 2 Monaten verbraucht werden.

- 500 g Fischabfälle (Gräten, Kopf, Schwanzflossen, Haut)
- 1 Zwiebel, geviertelt
- 1 Stange Staudensellerie mit Grün, grob gehackt
- 1 Lorbeerblatt
- 1 Petersilienzweig
- ¼ Teelöffel Salz
- 6 schwarze Pfefferkörner
- 150 ml trockener Weißwein

Fischabfälle in einen großen Topf geben und 1 Liter Wasser angießen. Restliche Zutaten zugeben, verrühren und aufkochen lassen. Den auf der Oberfläche entstehenden Schaum abschöpfen. Bei mittlerer Hitze teilweise zugedeckt 30–40 Minuten köcheln lassen. Nicht länger kochen, da der Fond sonst bitter schmeckt. Den Topf von der Kochstelle nehmen und den Fond durch ein Sieb gießen. Die im Sieb aufgefangenen Reste wegwerfen. Den Fond abkühlen lassen, zudecken und im Kühlschrank kühl stellen. Innerhalb von 2 Tagen verbrauchen.

Ergibt ca. 1 Liter
Vorbereitungszeit: 5–8 Minuten
Garzeit: ca. 40 Minuten

GEGARTEN KREBS AUSLÖSEN

Krebs mit der Bauchseite nach oben auf die Arbeitsfläche legen. Scheren und Beine mit einer Drehbewegung vom Körper trennen. Panzer mit der linken

Hand festhalten, ein Messer zwischen Schale und Unterschale schieben und rundherum vom Rand mit dem Messer lösen. Den Körper herauslösen und abheben. Mit einem Messer halbieren und das Fleisch aus der Mitte mit einem Teelöffel herausnehmen.

Dann das weiße Fleisch aus dem Schwanz lösen und in eine Schüssel geben. Mit Hilfe eines Nußknackers die Scheren und mit einem Messer die Beine anknacken und aufbrechen. Die Schalen von den Scheren abheben und das zarte Fleisch herauslösen. Das Fleisch aus den Beinchen läßt sich am besten mit einer speziellen Hummergabel herausziehen.

GEGARTEN HUMMER AUSLÖSEN

Hummer mit der Bauchseite nach unten auf die Arbeitsfläche legen. Den Schwanz so herausziehen, daß er flach auf der Arbeitsplatte liegt. Mit einem scharfen, schweren Messer den Hum-

mer der Länge nach in zwei Teile schneiden. Magensack entfernen und wegwerfen. Scheren mit einem Nußknacker aufbrechen, so daß der Panzer leicht weggezogen werden kann und das köstliche Scherenfleisch freigelegt wird. Der Hummer kann nun gegrillt werden. Das Fleisch aus Schwanz und Scheren eignet sich hervorragend für einen Salat.

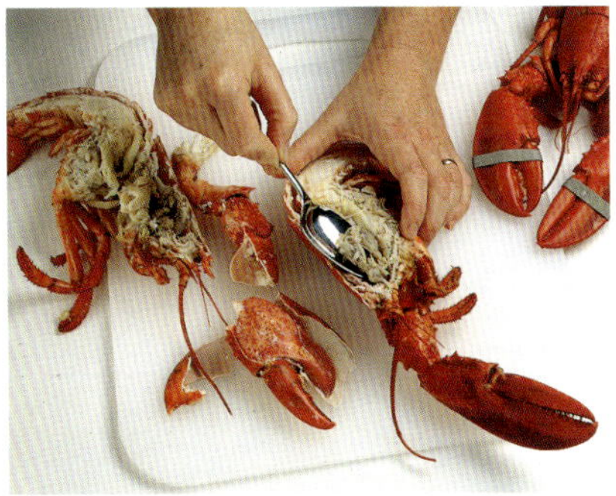

VORSPEISEN & SUPPEN

GEGRILLTE CHILI-GARNELEN

10 grüne Chilischoten
(geputzt und der Länge nach halbiert)
20 Riesengarnelen (roh, geschält, mit Schwanz und ohne dunklen Faden (Darm))
5 Eßlöffel Olivenöl
Salz (grobkörnig)
Zitronenachtel zum Servieren

1 Jeweils eine halbe Chilischote um die Mitte einer Garnele wickeln. Je 5 Garnelen auf einen Metall- oder Holzspieß stecken.
2 Spieße auf einen flachen Teller legen, mit Öl beträufeln und Salz darüberstreuen. Zudecken und die Garnelen ca. 30 Minuten im Kühlschrank marinieren lassen.
3 Die Garnelen auf einem geölten Grillrost unter dem Grill oder im Backofen 3 Minuten von jeder Seite braten, bis sie sich rosa färben. Mit restlicher Marinade beträufeln. Garnelen mit Zitronenachteln garnieren und sofort servieren.

4 PORTIONEN
Vorbereitungszeit: ca. 15 Minuten, plus Marinierzeit
Garzeit: ca. 6 Minuten

FRITIERTE GARNELEN MIT MANGOSOSSE

- 150 g Weizenmehl (Type 405)
- Salz
- 1 Eßlöffel Olivenöl
- 1 Ei (getrennt)
- 150 ml Kokosnußmilch
- 750 g Riesengarnelen (roh, geschält, mit Schwanz und ohne dunklen Faden (Darm))
- Öl zum Fritieren

MANGOSOSSE:

- 4 große, reife Mangos
- 40 g Zucker
- 1 Prise Ingwerpulver
- 1 Prise Zimtpulver
- 1 Teelöffel Currypulver
- Saft von ½ Limette
- Salz

1 Für den Teig Mehl, Salz und Olivenöl in eine Schüssel geben und in der Mitte eine Mulde formen. Das Eigelb mit der Kokosnußmilch verrühren, in die Mulde gießen, dann nach und nach gut mit dem Mehl mischen. Zugedeckt beiseite stellen.

2 Für die Soße die Mangos schälen und das Fruchtfleisch in Stücken von den Steinen schneiden und pürieren. Püree in einen Topf füllen, 50 ml Wasser zufügen und bei schwacher Hitze verrühren. Zugedeckt so lange köcheln lassen, bis die Soße andickt. Zucker, Gewürze, Limettensaft und Salz unterrühren. Abkühlen lassen.

3 Eiweiß steif schlagen und unter den Teig heben. Garnelen darin wenden. Inzwischen das Öl zum Fritieren so lange erhitzen, bis ein Brotstückchen darin in etwa 30 Sekunden bräunt (180–190 Grad). Die Garnelen darin portionsweise goldbraun fritieren. Mit einem Schaumlöffel herausheben und auf Küchenpapier abtropfen lassen. Sofort mit der Soße servieren.

4 PORTIONEN

Vorbereitungszeit: ca. 15 Minuten, plus Kühlzeit

Garzeit: 20–25 Minuten

WINDBEUTEL MIT GARNELENFÜLLUNG

- 65 g Weizenmehl (Type 405)
- 1 Teelöffel gemischte, getrocknete Kräuter
- 1 Prise Salz
- 50 g Butter
- 2 große Eier

FÜLLUNG:

- 200 g Frischkäse
- 150 g gegarte Garnelen (geschält und ohne dunklen Faden (Darm), gehackt)
- 1 Eßlöffel gehackte Petersilie
- 1 Teelöffel Zitronensaft
- Cayennepfeffer, schwarzer Pfeffer

1 Mehl, Kräuter und Salz in einer Schüssel mischen. 150 ml Wasser und Butter in einem Topf aufkochen. Topf vom Herd nehmen. Mehlmischung auf einmal in die heiße Flüssigkeit schütten und mit dem elektrischen Handmixer unterkneten. Topf wieder auf den Herd stellen und die Eier bei ganz schwacher Hitze einzeln dazugeben. Nach jedem Ei den Teig kräftig verkneten, bis er sich vom Topfrand löst.

2 Vom Teig Klößchen mit 2 Teelöffeln abstechen. Diese mit reichlich Abstand auf ein gefettetes Backblech setzen. Im heißen Ofen bei 200 Grad 15–20 Minuten backen, bis der Teig aufgegangen ist und beim Daraufklopfen hohl klingt.

3 Die heißen Windbeutel mit einer Schere aufschneiden und auf einem Kuchengitter abkühlen lassen. Bis zu 1 Tag in einem fest verschlossenen Behältnis aufbewahren.

4 Für die Füllung die Zutaten mischen und zugedeckt bis zur Verwendung in den Kühlschrank stellen. Die Windbeutel erst kurz vor dem Servieren füllen.

6 PORTIONEN

Vorbereitungszeit: ca. 30 Minuten
Garzeit: ca. 20 Minuten
Ofentemperatur: 200 Grad, Gas Stufe 3–4, Umluft 180 Grad

FISCHTERRINE

- 400 g Weißfischfilet
- 150 ml trockener Weißwein
- 1 Bund Suppengrün
- Schale von 1 unbehandelten Zitrone (in feine Streifen geschnitten)
- 4 Blatt weiße Gelatine
- 200 g Doppelrahm-Frischkäse
- 250 g Quark (20 % Fett)
- 3 Eiweiß
- 1 Eßlöffel Zitronensaft
- 3 Eßlöffel Schnittlauchröllchen
- Pfeffer
- 250 g Garnelen (gekocht, geschält, ohne dunklen Faden (Darm), grob gehackt)
- 2 Eßlöffel passierte Tomaten (Fertigprodukt)
- 3 Eßlöffel gehackte Petersilie
- Tabasco
- Salatgurkenscheiben (nach Wunsch)
- ganze Garnelen (nach Wunsch)
- Dillzweige (nach Wunsch)

1 Fischfilet, Wein, Suppengrün und Zitronenschale in einen flachen Topf geben. Mit so viel Wasser auffüllen, daß der Fisch bedeckt ist. Fischfilet bei schwacher Hitze je nach Dicke 8–10 Minuten zugedeckt gar ziehen lassen.

2 Fisch mit einem Schaumlöffel vorsichtig herausheben, abtropfen lassen, zerkleinern und abkühlen lassen. Fischsud beiseite stellen.

3 Gelatine in kaltem Wasser einweichen. Frischkäse und Quark cremig verrühren. Gelatine ausdrücken und in ca. 4 Eßlöffeln heißem Fischsud auflösen. Unter die Käse- Quark-Mischung rühren.

4 Eiweiße steif schlagen und zum Schluß unter die Käsemischung heben. Die Hälfte der Masse vorsichtig mit dem gekochten Fisch, Zitronensaft, Schnittlauch und etwas Pfeffer mischen. In eine mit Wasser ausgespülte längliche Form (ca. 1 l Inhalt) füllen und in den Kühlschrank stellen, bis die Masse fast geliert ist. Inzwischen Garnelen, passierte Tomaten, Petersilie und ein paar Spritzer Tabasco mit der restlichen Käse-Quark-Mischung verrühren. Über die Fischmischung in der Form füllen. Die Terrine nochmals zum Gelieren in den Kühlschrank stellen. Zudecken und im Kühlschrank aufbewahren, falls sie nicht sofort serviert wird.

5 Vor dem Servieren die Form kurz (ca. 20 Sekunden) in heißes Wasser tauchen. Herausnehmen, auf einen Teller stürzen und in Scheiben schneiden. Nach Wunsch mit Gurkenscheiben, ganzen Garnelen und Dillzweigen garnieren und servieren.

6 PORTIONEN

Zubereitungszeit: ca. 45 Minuten, plus 3–4 Stunden Kühlzeit
Garzeit: 8–10 Minuten

RÄUCHERLACHS-TÖRTCHEN

TEIG:

- 200 g Weizenmehl (Type 405)
- Salz
- 100 g Butter (gewürfelt)

FÜLLUNG:

- 200 g Salatgurke (geschält und geraspelt)
- 150 g Frischkäse
- 4 Eßlöffel Mayonnaise
- 2 Eßlöffel gehackte Minzeblättchen
- 100 g Räucherlachs (gehackt)
- Salz und Pfeffer

ZUM GARNIEREN:

- Salatgurkenscheiben
- Minzezweige

1 Für den Teig das Mehl in eine Schüssel sieben. Salz dazugeben. Die Butter so lange mit dem Mehl vermischen, bis die Masse die Konsistenz von feinen Brotkrumen erhält. Nach und nach ca. 2 Eßlöffel kaltes Wasser unterrühren, bis ein glatter Teig entsteht.

2 Teig auf einer leicht bemehlten Arbeitsfläche ausrollen. 12 Torteletts-förmchen (ca. 10 cm ø) mit dem Teig auslegen. Den Boden einstechen. Im vorgeheizten Backofen bei 200 Grad ca. 15 Minuten backen, bis der Teig goldbraun und knusprig ist. Abkühlen lassen.

3 In der Zwischenzeit die Gurkenraspel in ein Sieb geben und ca. 30 Minuten abtropfen lassen.

4 Frischkäse und Mayonnaise cremig verrühren. Gehackte Minze, abgetropfte Gurkenraspel und Räucherlachs unterrühren. Die Creme mit Salz und Pfeffer nach Geschmack würzen.

5 Lachsfüllung auf die abgekühlten Tortelettböden löffeln, die Oberfläche glattstreichen und die Törtchen mit Gurkenscheiben und Minzezweigen garnieren. Bald servieren, damit die Törtchen nicht durchweichen.

4 PORTIONEN

Zubereitungszeit: ca. 40 Minuten, plus Kühlzeit

Ofentemperatur: 200 Grad, Gas Stufe 3–4, Umluft 180 Grad

GEFÜLLTER BLÄTTERTEIG

- 150 g tiefgekühlter Blätterteig
- 25 g Butter (zerlassen)
- 1 Avocado
- 1 Teelöffel Zitronensaft
- 200 g gegarte Garnelen (geschält und ohne dunklen Faden (Darm))
- 1 Teelöffel Speisestärke
- 1 Eßlöffel Milch
- 150 g Sahnejoghurt
- 1 Eßlöffel gehackter Thymian
- 1 Knoblauchzehe (fein gehackt)
- Salz und Pfeffer
- Petersilie zum Garnieren (nach Wunsch)

1 Blätterteigplatten in 12 Quadrate à 10 x 10 cm schneiden und mit der zerlassenen Butter bestreichen. Jeweils 3 Teigquadrate überlappend über 4 hohe Portionsförmchen legen, dabei die Förmchen jedesmal um 90 Grad drehen. „Blüten" im vorgeheizten Ofen bei 200 Grad ca. 5 Minuten backen. Förmchen aus dem Ofen nehmen und die Temperatur auf 190 Grad reduzieren.
2 Avocado halbieren, Stein entfernen, das Fruchtfleisch herauslöffeln und würfeln. Zitronensaft sofort darüberträufeln und mit den Garnelen verrühren. Masse in die Teigblüten füllen.
3 Die Speisestärke mit der Milch verrühren und den Joghurt untermischen. Mit Thymian, Knoblauch, etwas Salz und Pfeffer würzen und über die Avocado-Garnelen-Füllung gießen. Die Blätterteigblüten wieder in den Ofen stellen und 15–20 Minuten backen. Die gebackenen Blüten mit gehackter Petersilie nach Wunsch bestreuen und sofort heiß servieren.

4 PORTIONEN
Vorbereitungszeit: 10–15 Minuten
Backzeit: 20–25 Minuten
Ofentemperatur: 200 Grad, Gas Stufe 3–4, Umluft 180 Grad; dann 190 Grad, Gas Stufe 3, Umluft 170 Grad

JAKOBSMUSCHEL-SEVICHE MIT KRÄUTERN

Ein lateinamerikanisches Gericht, bei dem der Fisch durch die Säure des Zitronensafts gart.

- 10 große Jakobsmuscheln in der Schale
- 4 Muschelschalen (nach Wunsch)
- 150 ml Zitronensaft
- 1½ Eßlöffel gehackte Schalotte
- ½ Eßlöffel gehackter Estragon
- ½ Eßlöffel gehackter Dill
- ½ Eßlöffel Schnittlauchröllchen
- ½ Eßlöffel gehackte Petersilie
- 1½ Eßlöffel Sonnenblumenöl
- Zitronenachtel zum Garnieren

1 Muscheln aus der Schale lösen, Corail abtrennen, dunklen Faden (Darm) entfernen. Muschelfleisch und Corail waschen, trockentupfen.
2 Nach Wunsch 4 Muschelschalen waschen und abtropfen lassen. Muschelfleisch in eine Schüssel geben und Zitronensaft darübergießen. Mit Frischhaltefolie zudecken und 24 Stunden kühl stellen. Dabei ab und zu umrühren.
3 Schalotte und Kräuter fein hacken. Muscheln aus dem Zitronensaft heben, Saft mit Öl mischen. Schalotte und Kräuter unterrühren. Auf Muschelschalen oder Tellern anrichten, mit Zitronenachteln garnieren.

4 PORTIONEN
Zubereitungszeit: ca. 20 Minuten, plus Marinierzeit

MUSCHELN INDISCHE ART

- 1½ kg Miesmuscheln
- 3 Eßlöffel Erdnußöl
- 2 rote Zwiebeln (sehr fein gehackt)
- 4 Knoblauchzehen (durch die Presse gedrückt)
- 2 Eßlöffel frische Ingwerwurzel (gehackt)
- 3 große, grüne Chilischoten (geputzt und fein gehackt)
- 3 Safranfäden (nach Wunsch), in 2 Eßlöffeln kochendem Wasser 10 Minuten ziehen lassen
- 2 Teelöffel Korianderpulver
- 2 Teelöffel gemahlener Kreuzkümmel
- ½ Teelöffel Salz
- 2 Eßlöffel Limettensaft
- 4 Eßlöffel gehacktes Koriandergrün
- Korianderzweige zum Garnieren (nach Wunsch)

1 Muscheln unter fließendem kaltem Wasser gründlich abbürsten und dabei die Bärte entfernen. Alle geöffneten Muscheln wegwerfen.
2 Öl in einem großen, tiefen Topf erhitzen. Zwiebeln, Knoblauch, Ingwer und Chilischoten darin ca. 5 Minuten zugedeckt bei schwacher Hitze unter gelegentlichem Rühren glasig dünsten. Nach Wunsch Safran mit dem Einweichwasser oder 2 Eßlöffeln Wasser, Koriander sowie Kreuzkümmel unterrühren und ca. 1 Minute köcheln lassen.
3 Salz und 300 ml Wasser in den Topf füllen, die Muscheln zugeben. Zugedeckt 5–6 Minuten kochen lassen, bis die Muscheln sich geöffnet haben und gar sind. Ungeöffnete Muscheln aussortieren und wegwerfen. Limettensaft und gehacktes Koriandergrün unterrühren, nach Wunsch abschmecken.
4 Die heißen Muscheln und die Soße in 4 vorgewärmte, tiefe Schüsseln füllen. Nach Wunsch mit einem Korianderzweig garnieren und sofort servieren.

4 PORTIONEN
Vorbereitungszeit: ca. 40 Minuten
Garzeit: 10–15 Minuten

CHILISCHOTEN MIT CURRY-CRABMEAT-FÜLLUNG

Verwenden Sie für dieses Gericht vorzugsweise die mexikanischen Jalapeno-Chilischoten. Sie besitzen dickeres Fruchtfleisch als einige andere Chilis und lassen sich deshalb leichter schälen und füllen.

- 6 rote Chilischoten
- 6 grüne Chilischoten
- 2 Eßlöffel Öl
- 2 Knoblauchzehen (durch die Presse gedrückt)
- 1 Teelöffel frische Ingwerwurzel (gehackt)
- 3 Lauchzwiebeln (fein gehackt)
- 2 Zitronenblätter (sehr fein gehackt)
- 1 Eßlöffel thailändische rote Currypaste
- 1/4 Teelöffel Kurkuma
- 1 Dose Crabmeat (120 g Abtropfgewicht, zerpflückt)
- 1 Eßlöffel Limettensaft
- 2 Teelöffel thailändische Fischsoße

1 Chilischoten vor dem Füllen bei 220 Grad im vorgeheizten Ofen 8–10 Minuten backen, bis die Haut Blasen wirft und bräunt. Dabei ab und zu wenden.
2 Aus dem Ofen nehmen, mit feuchtem Küchenpapier zudecken, abkühlen lassen. Dadurch lassen sie sich nach dem Abkühlen leichter häuten.
3 Für die Füllung Öl in einem Topf erhitzen. Knoblauch, Ingwer und Lauchzwiebeln darin bei schwacher Hitze ca. 3 Minuten anbraten, bis das Gemüse weich ist. Zitronenblätter, rote Currypaste und Kurkuma zufügen, weitere 2 Minuten unter Rühren braten. Vom Herd nehmen, Crabmeat, Limettensaft und Fischsoße untermischen.
4 Chilischoten häuten, dabei die Stiele ganz lassen. Schoten jeweils der Länge nach einschneiden, putzen und auswaschen. Chilis mit der Crabmeat-Mischung füllen. In eine flache, ofenfeste Form legen und mit Folie zudecken.
5 Chilis im vorgeheizten Ofen bei 200 Grad ca. 15 Minuten backen, bis sie heiß sind. Sofort servieren.

4–6 PORTIONEN
Vorbereitungszeit: ca. 30 Minuten
Garzeit: ca. 30 Minuten
Ofentemperatur: 220 Grad, Gas Stufe 4–5, Umluft 200 Grad; dann 200 Grad, Gas Stufe 3–4, Umluft 180 Grad

GEFÜLLTE TASCHENKREBSE

- 4 gegarte Taschenkrebse
- 1½ Scheiben Weißbrot (zerkrümelt)
- 2 rote Paprikaschoten (fein gehackt)
- 1 Knoblauchzehe (fein gehackt)
- 1 rote Chilischote (geputzt, fein gehackt)
- 1 Prise Muskat
- ½ Teelöffel Piment
- 2 Eßlöffel gehackte Petersilie
- Saft von 1 Limette
- 2 Eßlöffel Rum (nach Wunsch)
- Salz und Pfeffer
- 15 g Butter
- Zweige von Petersilie zum Garnieren

1 Scheren und Beine von den Krebsen drehen. Das darin enthaltene zarte Fleisch herauslösen. Die Krebse auf der Unterseite entlang der geschwungenen Naht mit der Schere anschneiden und ausbrechen.

2 Das Innere mit einem scharfen Messer halbieren und das Fleisch mit einem Teelöffel herausnehmen. Ebenfalls das Fleisch von der Innenseite der Krebse herauslösen.

3 Alles Krebsfleisch in eine Schüssel geben und mit einer Gabel zerdrücken. ⅔ der Brotkrumen,Paprika, Knoblauch, Chilischote, Muskat, Piment und Petersilie zugeben und mischen. Limettensaft und nach Wunsch Rum zufügen, mit Salz und Pfeffer abschmecken.

4 Die Krebsschalen gründlich unter fließendem Wasser abbürsten, trocknen und mit der Krebsfleischmischung füllen. Die restlichen Brotkrumen und Butterflocken darüber verteilen und die gefüllten Taschenkrebse im vorgeheizten Ofen bei 180 Grad ca. 30 Minuten backen, bis sie gebräunt sind. Mit Petersilienzweigen garnieren und sofort servieren.

4 PORTIONEN

Vorbereitungszeit. ca. 25 Minuten
Garzeit: ca. 30 Minuten
Ofentemperatur: 180 Grad, Gas Stufe 2–3, Umluft 160 Grad

GEFÜLLTE TINTENFISCHE

Nähen Sie den Tintenfisch mit einem festen Baumwollfaden und einer Stopfnadel zusammen. Lassen Sie ein langes Stück Faden heraushängen, so daß dieser vor dem Servieren problemlos entfernt werden kann.

- 800 g küchenfertige, kleine Tintenfische
- Salz
- 4 Sardellen (aus der Dose, zerdrückt)
- 1 Knoblauchzehe (fein gehackt)
- 1 Eßlöffel Paniermehl
- 1 Eßlöffel gehackte Petersilie
- 1 Ei (verschlagen)
- Pfeffer
- 3 Eßlöffel Olivenöl
- 2 kleine Fenchelknollen (dünn geschnitten)
- 3 Tomaten (gehäutet, entkernt, gewürfelt)
- Saft von 1/2 Zitrone

1 Von den Tintenfischen die Tentakeln abschneiden und den Mantel beiseite legen. Tentakeln in kochendem Salzwasser ca. 10 Minuten kochen. Herausheben, abtropfen lassen, kleinschneiden und in eine Schüssel geben. Sardellen, Knoblauch, Paniermehl, Petersilie und Ei zufügen, mit Salz und Pfeffer würzen.

2 Tintenfische mit der Mischung füllen, die Öffnungen zunähen. In eine ofenfeste Form legen, mit etwas Öl beträufeln und im vorgeheizten Ofen bei 180 Grad ca. 30 Minuten garen.

3 Inzwischen den Fenchel 1 Minute blanchieren, kalt abspülen und abkühlen lassen. Fenchel, Tomaten, Öl und Zitronensaft mischen und auf einem angewärmten Teller anrichten. Tintenfische darauflegen und mit Sud beträufeln. Mit Salz und Pfeffer würzen. Sofort servieren.

4 PORTIONEN

Vorbereitungszeit: 40–45 Minuten
Garzeit: ca. 45 Minuten
Ofentemperatur: 180 Grad, Gas Stufe 2–3, Umluft 160 Grad

TEMPURA

Tempura zählt zu den beliebtesten japanischen Gerichten. Die fritierten Gemüse und Fische sind von einem so dünnen, knusprigen Teigmantel umgeben, daß sogar Farben und Formen durchscheinen. Durch die Zugabe von Sesamöl zum Fritieröl erhält Tempura einen wunderbar nussigen Geschmack. Gemüse- und Fischstückchen vor dem Fritieren gut durchkühlen.

TEIG:

- 1 Ei
- 120 g Weizenmehl (Type 405)
- 50 g Speisestärke
- Salz
- 1 l Öl zum Fritieren

ZUM FRITIEREN:

- 12 Riesengarnelen (roh, geschält mit Schwanz und ohne dunklen Faden (Darm))
- 500 g Schollen- oder Seezungenfilet (ohne Haut und in kleine Stücke geschnitten)
- 8 Champignons
- 1 Bund Lauchzwiebeln (in 3½ cm lange Streifen geschnitten)
- je 1 rote und 1 grüne Paprikaschote (in Streifen geschnitten)
- 1 große Zwiebel (geachtelt)
- ½ kleiner Blumenkohl (in Röschen)
- ½ kleine Aubergine (dünn geschnitten)
- Schnittlauch zum Garnieren

DIP:

- 300 ml Geflügelfond (aus dem Glas)
- 4 Eßlöffel süßer Wermut oder Sherry
- 4 Eßlöffel helle Sojasoße

1 Für den Teig Ei und 150 ml Wasser in einer Schüssel schaumig schlagen. Mehl, Stärke und Salz mischen, nach und nach unter die Eimischung rühren.

2 Öl im Wok erhitzen. Garnelen, Fisch und Gemüse im Teig wenden. Portionsweise goldbraun fritieren. Herausheben, auf Küchenpapier abtropfen lassen und warm stellen.

3 Für den Dip alle Zutaten in einem Topf erhitzen und in einer vorgewärmten Schüssel servieren.

4-6 PORTIONEN

Vorbereitungszeit: ca. 30 Minuten
Garzeit: 20–30 Minuten

FISCHSUPPE MIT FENCHEL

Fenchel verfeinert durch seinen zarten anisähnlichen Geschmack die meisten Fischsuppen.

- 25 g Butter oder Margarine
- 250 g Fenchelknollen (in feine Scheiben geschnitten, Fenchelgrün zum Garnieren aufbewahren)
- 1 Porreestange (nur der weiße Teil, geputzt und in feine Ringe geschnitten)
- 3/4 l Fischfond (siehe Seite 8)
- 1 Lorbeerblatt
- 300 g Kartoffeln (gewürfelt)
- 250 g Schellfischfilet (ohne Haut)
- 1/4 l Milch
- 1/2 Teelöffel weißer Pfeffer
- Salz

1 Butter oder Margarine in einem großen Topf erhitzen. Fenchel und Porree darin ca. 5 Minuten anbraten, bis das Gemüse gar ist. Dann Fischfond, Lorbeerblatt und Kartoffeln zufügen. Aufkochen, die Hitze reduzieren und zugedeckt 10–15 Minuten köcheln lassen, bis das Gemüse gar ist. Das Lorbeerblatt entfernen.
2 Schellfisch, Milch und weißen Pfeffer in einem Topf aufkochen. Bei mittlerer Hitze ca. 5 Minuten zugedeckt köcheln lassen. Weitere 5 Minuten mit Deckel ziehen lassen. Den Fisch in große Stücke zerteilen.
3 300 ml der Fenchelsuppe pürieren, Wieder in den Topf geben und die Fischstücke zufügen. Untermischen und ohne aufzukochen die Suppe nochmals erhitzen. In vorgewärmten Schüsseln mit fein gehackten Fenchelblättern garnieren und servieren.

4–6 PORTIONEN
Vorbereitungszeit: ca. 15 Minuten
Garzeit: 25–30 Minuten

BOUILLABAISSE

Bouillabaisse bezeichnete ursprünglich einen nahrhaften Fischeintopf und keine Fischsuppe. Heute gibt es zahlreiche Variationen dieses klassischen, französischen Gerichts. Hier ist eine davon.

- 4 Eßlöffel Olivenöl
- 2 Knoblauchzehen (fein gehackt)
- 2 Zwiebeln (gehackt)
- 500 g Makrelenfilet (in Stücke geschnitten)
- 500 g Weißfischfilet (in Stücke geschnitten)
- 500 g Schellfisch- oder Kabeljaufilet (in Stücke geschnitten)
- 250 g Riesengarnelen (roh, geschält und ohne dunklen Faden (Darm))
- 6 Tomaten (gehäutet und gehackt)
- 4 Safranfäden (nach Wunsch)
- 1½ l heißer Fischfond (siehe Seite 8)
- 1 Lorbeerblatt
- 3 Petersilienzweige
- Salz und Pfeffer
- 10-12 Miesmuscheln (abgebürstet, Bärte entfernt, nur geschlossene verwenden)
- 6-8 Scheiben Baguette
- 2 Eßlöffel gehacktes Basilikum zum Garnieren

1 Öl in einem großen, schweren Topf erhitzen. Knoblauch und Zwiebeln darin 3–5 Minuten zugedeckt glasig dünsten. Die Fischstücke zugeben und ohne Deckel bei mittlerer Hitze ca. 10 Minuten kochen lassen. Ab und zu umrühren.

2 Garnelen und Tomaten zugeben. Nach Wunsch Safranfäden im heißen Fischfond auflösen. Fond, Lorbeerblatt und Petersilie in den Topf geben. Mit Salz und Pfeffer nach Geschmack würzen. Verrühren und aufkochen. Bei schwacher Hitze ca. 15 Minuten zugedeckt köcheln lassen. Muscheln zufügen und weitere 10 Minuten kochen.

3 Lorbeerblatt, Petersilienzweige und Muscheln, die sich nicht geöffnet haben, herausnehmen und wegwerfen. Jeweils 1 Scheibe Baguette in einen vorgewärmten Suppenteller legen und die warme Suppe darübergießen. Mit Basilikum bestreuen und servieren.

6-8 PORTIONEN

Vorbereitungszeit: ca. 25 Minuten
Garzeit: 30–35 Minuten

FISCHSUPPE MIT REIS UND TOMATEN

- 750 g Kabeljaufilet (ohne Haut)
- Salz
- 4 große Tomaten (gehäutet, entkernt und grob gehackt)
- 2 große Zwiebeln (in dünne Ringe geschnitten)
- 2 Stangen Staudensellerie (in kleine Stücke geschnitten)
- 4 Petersilienzweige
- 1 Fischkopf
- Pfeffer
- 5 Eßlöffel Olivenöl
- 50 g weißer Langkornreis

1 Kabeljau unter fließendem, kaltem Wasser waschen und gut trocknen. Fleisch in 5 cm große Stücke schneiden. In ein Sieb geben und 1 Teelöffel Salz darüberstreuen. Beiseite stellen.
2 Gemüse, Petersilie und Fischkopf in einen großen Topf geben. 1¾ l Wasser angießen, mit etwas Salz und Pfeffer würzen. Bei mittlerer Hitze aufkochen. Bei schwacher Hitze ca. 45 Minuten köcheln lassen. Fischkopf und Petersilie herausnehmen.
3 Fischstücke erneut unter fließendem, kaltem Wasser waschen und in den Topf geben. Bei mittlerer Hitze 15–20 Minuten ohne Deckel kochen lassen, bis sie gar, aber noch fest sind. Fischstücke mit einem Schaumlöffel herausheben und auf einem Teller zugedeckt warm stellen.
4 Olivenöl nach und nach in die Suppe geben, den Reis zufügen. Bei mittlerer Hitze im leicht geöffneten Topf ca. 25 Minuten kochen, bis der Reis weich ist. Fischstücke wieder in die Suppe geben und langsam erwärmen. Abschmecken und sofort in vorgewärmten Suppenschalen servieren.

4-6 PORTIONEN

Vorbereitungszeit: 15–20 Minuten
Garzeit: ca. 1½ Stunden

VARIATION

Kabeljau durch 750 g Schellfisch ersetzen und wie oben beschrieben zubereiten. Es kann jeder Fisch mit festem, weißem Fleisch, wie zum Beispiel Seehecht oder Goldbarsch, oder eine Mischung aus verschiedenen Fischen verwendet werden.

GARNELEN-CREMESUPPE

- 50 g Butter oder Margarine
- 1 kleine Zwiebel (fein gehackt)
- 1 Möhre (fein gehackt)
- 1 Stange Staudensellerie (in kleine Stücke geschnitten)
- 500 g Garnelen (gegart, geschält und ohne dunklen Faden (Darm))
- 400 g Tomatenfruchtfleisch in Stücken (aus der Packung)
- 1 l Fischfond (siehe Seite 8)
- 1 Eßlöffel halbtrockener Sherry
- 1 Lorbeerblatt
- 1 Prise Muskat
- 250 g Kartoffeln (geschält und in dünne Scheiben geschnitten)
- Salz und Pfeffer
- 150 g Crème fraîche
- je 1 Eßlöffel fein gehackte Petersilie und Schnittlauchröllchen zum Garnieren

1 Fett in einem großen Topf erhitzen. Zwiebel, Möhre und Sellerie darin bei mittlerer Hitze ca. 5 Minuten unter ständigem Rühren dünsten, bis das Gemüse bißfest ist.

2 150 g Garnelen beiseite legen. Die restlichen Garnelen, Tomatenstücke, Fond, Sherry, Lorbeerblatt, Muskat und Kartoffeln in den Topf geben. Mischung kurz aufkochen, Hitze reduzieren und zugedeckt 25–30 Minuten köcheln lassen, bis das Gemüse sehr weich ist. Lorbeerblatt herausnehmen.

3 Mischung portionsweise pürieren und in einen sauberen Topf füllen. Beiseitegelegte Garnelen zufügen, mit Salz und Pfeffer abschmecken und nochmals erhitzen. Kurz vor dem Servieren Crème fraîche unterrühren. Suppe mit fein gehackter Petersilie und Schnittlauchröllchen garnieren.

6 PORTIONEN

Vorbereitungszeit: ca. 15 Minuten
Garzeit: 35–40 Minuten

THUNFISCH-PAPRIKA-CHOWDER

- 50 g Butter oder Margarine
- 1 kleine rote Paprikaschote (geputzt und gehackt)
- 1 Stange Staudensellerie (in kleine Stücke geschnitten)
- 1 Eßlöffel trockener Weißwein
- 1¼ l Fischfond (siehe Seite 8)
- 250 g Kartoffeln (geschält und in 1 cm große Würfel geschnitten)
- 1 Teelöffel fein gehackter frischer Majoran oder ½ Teelöffel getrockneter Majoran
- 1 Dose Maiskörner (ca. 350 Abtropfgewicht)
- 1 Dose Thunfisch (naturell, 150 g Abtropfgewicht; abgetropft und zerpflückt)
- Salz und Pfeffer
- 2 Eßlöffel fein gehackte Petersilie
- 4 Eßlöffel Crème fraîche
- Majoranzweige zum Garnieren

1 Fett in einem Topf erhitzen. Paprikaschote und Sellerie darin zugedeckt 8–10 Minuten unter ständigem Rühren kochen. Weißwein angießen.
2 Fischfond, Kartoffeln und Majoran zugeben und bei mittlerer Hitze im leicht geöffneten Topf ca. 15 Minuten kochen.
3 Abgetropften Mais und Thunfisch zufügen. Mit Salz und Pfeffer abschmecken. Bei schwacher Hitze weitere 10 Minuten offen kochen.
4 Petersilie und Crème fraîche unterrühren. Chowder in vorgewärmte Suppenschüsseln füllen, mit Majoranzweigen garnieren und nach Wunsch mit frisch aufgebackenem Weißbrot servieren.

4-6 PERSONEN
Vorbereitungszeit: 10–12 Minuten
Garzeit: ca. 35 Minuten

KLEINE GERICHTE

TORTILLAS MIT GARNELENFÜLLUNG

Chilisoße:
5 kleine, rote, getrocknete Chilischoten
1 Packung Tomatenfruchtfleisch in Stücken (500 g, abgetropft und Saft beiseite gestellt)
4 Eßlöffel Öl
2 Zwiebeln (gehackt)
2 Knoblauchzehen (durch die Presse gedrückt)
2 Eßlöffel Tomatenmark
je 1 Teelöffel Kreuzkümmel- und Korianderpulver
1½ Eßlöffel Weinessig
1 Teelöffel Zucker

Tortillas und Füllung:
Öl zum Braten und für die Form
12 weiche Weizentortillas
250 g gegarte Tiefseegarnelen (geschält und ohne Faden (Darm); grob gehackt)
250 g Cheddarkäse (gerieben)
125 g Mozzarella (gewürfelt)
1 kleine rote Zwiebel (fein gehackt)

1 Für die Soße Chilischoten zerkleinern. Mit Tomatenfruchtfleisch und 3 Eßlöffeln kochendem Wasser pürieren. Öl erhitzen, Zwiebeln und Knoblauch darin glasig dünsten. Dann beiseite gestellten Tomatensaft, Tomatenmark, Kreuzkümmel, Koriander, Essig und Zucker zugeben. Zugedeckt ca. 10 Minuten köcheln lassen.
2 Öl in einer Pfanne erhitzen. Tortillas darin nacheinander bei mittlerer Hitze weich braten. Mit Küchenpapier trockentupfen und mit etwas Chilisoße bestreichen. Etwas gehackte Garnelen auf die Mittel jeder Tortilla geben, ⅔ vom Cheddar und Mozzarella darüberstreuen. Mit Zwiebel abschließen. Tortillas aufrollen, in eine gefettete, ofenfeste Form legen. Übrige Soße darübergießen und mit dem restlichen Käse bestreuen. Im vorgeheizten Ofen bei 200 Grad 15–20 Minuten backen. Dazu paßt Guacamole (Avocadopüree).

4-6 PORTIONEN
Vorbereitungszeit: ca. 10 Minuten
Garzeit: 30–35 Minuten
Ofentemperatur: 200 Grad, Gas Stufe 4–5, Umluft 180 Grad

LINGUINE ALLA MARINARA

- 2 kg Miesmuscheln (abgebürstet und Bärte entfernt)
- 3 Eßlöffel Olivenöl
- 3 Knoblauchzehen (durch die Presse gedrückt)
- 1 Zwiebel (gehackt)
- 750 g Tomaten (gehäutet, entkernt und gehackt)
- Salz und Pfeffer
- 500 g Linguine (dünne Bandnudeln)
- 3 Eßlöffel gehackte Petersilie

1 Muscheln in kaltem Wasser waschen, geöffnete Exemplare wegwerfen. Muscheln und 125 ml Wasser in einen großen Topf geben, zudecken und bei mittlerer Hitze kochen, bis sich die Muscheln öffnen. Dabei den Topf ab und zu schwenken. Muscheln abgießen (geschlossene wegwerfen), Fleisch aus der Schale lösen und einige Muscheln zum Garnieren in der Schale lassen.

2 Olivenöl in einer Pfanne erhitzen, Knoblauch und Zwiebel darin bei mittlerer Hitze ca. 3 Minuten glasig dünsten. Tomaten zugeben, mit Salz und Pfeffer würzen. Bei schwacher Hitze ca. 2 Minuten kochen.

3 Das ausgelöste Muschelfleisch in die Tomatensoße geben und bei schwacher Hitze 2–3 Minuten köcheln lassen, bis es erwärmt ist.

4 In der Zwischenzeit Nudeln in kräftig gesalzenem Wasser nach Packungsanweisung bißfest kochen. Linguine abgießen, abtropfen lassen und vorsichtig mit der Soße mischen.

5 Die Pasta in einer vorgewärmten Schüssel oder auf vier vorgewärmten Tellern anrichten. Mit gehackter Petersilie und den restlichen Muscheln in der Schale garnieren. Sofort mit ofenfrischem Baguette servieren.

4 PORTIONEN

Vorbereitungszeit: ca. 25 Minuten

Garzeit: ca. 20 Minuten

NUDELN MIT THUNFISCH UND PILZEN

- 125 ml Olivenöl
- 1 Knoblauchzehe (durch die Presse gedrückt)
- 250 g Champignons (in dünne Scheiben geschnitten)
- 1 kleine rote Paprikaschote (geputzt und in feine Streifen geschnitten)
- 1 Dose Thunfisch (in Öl, 150 g Abtropfgewicht)
- Salz und Pfeffer
- 500 g Penne oder Makkaroni
- fein gehackte Petersilie oder Basilikum zum Garnieren

1 Olivenöl in einem Topf erhitzen. Knoblauch, Champignons und Paprikaschote dazugeben und darin ca. 3 Minuten dünsten, bis das Gemüse bißfest ist.
2 Thunfisch zerpflücken. Zu Gemüse und Pilzen in den Topf geben, alles vorsichtig mischen und erhitzen. Mit Salz und Pfeffer pikant abschmecken.
3 Nudeln in gesalzenem Wasser nach Packunganweisung bißfest kochen. Abgießen, abtropfen lassen und mit der Hälfte der Soße mischen.
4 Pasta in eine vorgewärmte Schüssel oder vorgewärmte Teller geben. Restliche Soße darübergeben. Mit gehackter Petersilie oder Basilikum garnieren und sofort servieren.

4-6 PORTIONEN
Vorbereitungszeit: ca. 10 Minuten
Garzeit: 12–16 Minuten

KABELJAU AUF KREOLISCHE ART

- 4 Kartoffeln
- 2 Eßlöffel Olivenöl
- 250 g Kabeljaufilet (ohne Haut)
- 2 Teelöffel Limetten- oder Zitronensaft
- 1 kleine Zwiebel (fein gehackt)
- 1 Stange Staudensellerie (gehackt)
- 1 kleine grüne Paprikaschote (geputzt und in dünne Streifen geschnitten)
- 1/4 Teelöffel Cayennepfeffer
- 1/4 Teelöffel Knoblauchsalz
- 2 Tomaten (gehäutet und gehackt)

1 Kartoffeln achteln, in eine ofenfeste Form legen und mit 1 Eßlöffel Öl bestreichen. Im vorgeheizten Ofen bei 220 Grad ca. 30 Minuten backen.
2 Inzwischen Kabeljau in mundgerechte Stücke schneiden und mit dem Limetten- oder Zitronensaft beträufeln.
3 Restliches Öl in einem großen Topf erhitzen. Zwiebel, Sellerie und Paprikaschote darin bei schwacher Hitze bißfest dünsten. Ab und zu umrühren. Cayennepfeffer und Knoblauchsalz darüberstreuen. Kabeljau und Tomaten dazugeben. Alles aufkochen, Topf schließen. Zirka 5 Minuten köcheln lassen, bis sich das Fischfleisch gar ist.
4 Kartoffeln, Fisch und Gemüse auf vier vorgewärmten Tellern anrichten. Heiß servieren.

4 PORTIONEN
Vorbereitungszeit: ca. 10 Minuten
Garzeit: ca. 30 Minuten
Ofentemperatur: 220 Grad, Gas Stufe 5, Umluft 200 Grad

PIZZA MIT MEERESFRÜCHTEN

PIZZATEIG:

- 250 g Weizenmehl (Type 405)
- 1 Teelöffel Trockenhefe
- 1 Teelöffel Salz
- 2 Eßlöffel Olivenöl

BELAG:

- 500 g gemischte, gekochte Meeresfrüchte (z. B. Tintenfische, Muscheln und Garnelen)
- abgeriebene Schale von ½ Zitrone
- 2 Knoblauchzehen (fein gehackt)
- 3 Eßlöffel Olivenöl
- Cayennepfeffer
- Salz und Pfeffer
- 6 Eßlöffel Parmesankäse (frisch gerieben)
- Basilikumblätter zum Garnieren

TOMATENSOSSE:

- 3 Eßlöffel Olivenöl
- 1 Packung Tomatenfruchtfleisch in Stücken (500 g)
- 1 Teelöffel getrockneter Oregano
- Zucker, Salz und Pfeffer

1 Für den Teig Mehl, Hefe und Salz in eine Schüssel sieben. Eine Mulde in die Mitte drücken. 1 Eßlöffel Öl und etwa ⅛ l lauwarmes Wasser hineingießen. Alles mindestens 10 Minuten kneten, bis ein glatter, fester Teig entsteht. In eine Schüssel legen, mit einem Tuch zugedeckt 1–2 Stunden an einem warmen Ort gehen lassen, bis sich das Teigvolumen verdoppelt hat.

2 Meeresfrüchte mit Zitronenschale, Knoblauch, Öl, Cayenne, etwas Salz und Pfeffer in einer Schüssel zugedeckt ca. 30 Minuten marinieren lassen.

3 Für die Soße Olivenöl, Tomaten, Oregano und Zucker in einen Topf geben. Mit Salz und Pfeffer würzen. Aufkochen und 20–25 Minuten kochen lassen, bis die Soße angedickt ist.

4 Teig auf der bemehlten Arbeitsfläche zu einem 30 cm großen Fladen ausrollen und auf ein gefettetes Backblech legen. Mit restlichem Öl bestreichen, die Tomatensoße darüber verteilen. Pizza im vorgeheizten Ofen bei 240 Grad ca. 15 Minuten backen.

5 Pizza aus dem Ofen nehmen und Meeresfrüchte darauf verteilen. Mit 4 Eßlöffeln Parmesan bestreuen.

6 Wieder in den Ofen geben und weitere 7–10 Minuten backen, bis die Meeresfrüchte erwärmt sind.

7 Pizza mit dem restlichen Parmesan bestreuen, mit Basilikumblättern garnieren und sofort servieren.

ERGIBT 1 PIZZA (30 CM Ø)

Vorbereitungszeit: ca. 30 Minuten, plus Zeit zum Aufgehen des Teigs und Marinierzeit
Backzeit: ca. 25 Minuten
Ofentemperatur: 240 Grad, Gas Stufe 5–6, Umluft 220 Grad

ÜBERBACKENER KABELJAU AUF KARTOFFELN

- 12 kleine, neue Kartoffeln
- Salz
- Olivenöl zum Wenden und für die Form
- 4 Kabeljaufilets
- 2 Eßlöffel Olivenöl
- 2 Zwiebeln (fein gehackt)
- 1 Knoblauchzehe (fein gehackt)
- 1 Eßlöffel gehacktes Oregano
- 1 Packung Tomatenfruchtfleisch in Stücken (500 g)
- 125 ml trockener Weißwein oder Fischfond (siehe Seite 8)
- Pfeffer
- 75 g frische Brotkrumen
- 50 g geriebener Parmesan- oder Cheddarkäse
- gehackte Petersilie zum Garnieren

1 Kartoffeln in Salzwasser knapp gar kochen. In dicke Scheiben schneiden und in etwas Olivenöl wenden. Den Rand einer gefetteten, feuerfesten Form damit auslegen und den Fisch in die Mitte legen.

2 2 Eßlöffel Olivenöl in einer Pfanne erhitzen und die gehackten Zwiebeln darin ca. 5 Minuten glasig dünsten. Knoblauch und Oregano zugeben, weitere 2–3 Minuten dünsten. Tomaten, Wein oder Fond zufügen, einige Minuten köcheln lassen. Mit Salz und Pfeffer würzen.

3 Die Hälfte der Tomatenmischung über die Kartoffeln und den Fisch in die Form gießen. Die restliche Soße in einer kleinen Schüssel mit Brotkrumen und Käse mischen und über den Fisch geben.

4 Im vorgeheizten Ofen bei 200 Grad ca. 15 Minuten garen. Mit gehackter Petersilie garnieren und sofort servieren.

4 PORTIONEN

Vorbereitungszeit: ca. 15 Minuten

Garzeit: ca. 20 Minuten

Ofentemperatur: 200 Grad, Gas Stufe 3–4, Umluft 180 Grad

FISCH-RISOTTO

- 1¼ l Fischfond (siehe Seite 8)
- 1 Stange Staudensellerie (in Scheiben geschnitten)
- 1 Thymianzweig
- 2 Petersilienzweige
- 1 kleine Zwiebel (geschält, im Ganzen, mit 2 Nelken gespickt)
- 75 g Butter
- 1 große Zwiebel (geschält und fein gehackt)
- 400 g italienischer Risottoreis
- 150 ml trockener Weißwein
- 500 g Seeteufel-, Schellfisch-, Heilbutt- oder anderes Fischfilet mit festem, weißem Fleisch (in mundgerechte Würfel geschnitten)
- 3-4 Safranfäden (nach Wunsch)
- 1 Knoblauchzehe (geschält und fein gehackt)
- 300 g Garnelen (gegart, geschält und ohne schwarzen Faden (Darm))
- Meersalz
- weißer Pfeffer
- 40 g Parmesankäse
- fein gehackte Petersilie zum Garnieren
- Parmesankäse zum Servieren

1 Den Fischfond in einen Topf füllen. Sellerie, Thymian, Petersilie und gespickte Zwiebel in ein Mullsäckchen geben und zum Fischfond in den Topf geben. Aufkochen und bei schwacher Hitze köcheln lassen.

2 50 g Butter in einem Topf erhitzen. Zwiebel und trockenen Reis hinzufügen und glasig dünsten. Den Reis zur Zwiebel geben und verrühren, bis die Körner mit Butter überzogen sind. Den Wein zugießen, Hitze erhöhen, 3–4 Minuten köcheln, bis die Flüssigkeit fast verdampft ist.

3 Zirka 125 ml heißen Fischfond zum Reis geben. Risotto bei schwacher Hitze unter ständigem Rühren 2–4 Minuten kochen, bis der Reis die Flüssigkeit aufgenommen hat. Erneut Fond zugießen und den Vorgang so lange wiederholen, bis ca. 1 l Fond verbraucht wurde.

4 Fischfiletwürfel hinzufügen. Etwas Fond zugießen und den Risotto weitere 4–5 Minuten kochen lassen.

5 Safranfäden nach Wunsch in eine kleine Schüssel geben und 3–4 Eßlöffel Fond darübergießen. Schnell umrühren, damit die Flüssigkeit Farbe annimmt, und unter den Risotto rühren. Der Reis sollte bißfest sein und dabei eine cremige Konsistenz besitzen. Mit Salz und Pfeffer abschmecken.

6 Restliche Butter in einer Pfanne erhitzen. Knoblauch und Garneln darin schwenken. Mit dem Parmesankäse unter den Risotto rühren. Risotto in eine vorgewärmte Schüssel füllen, mit Petersilie garnieren, mit Parmesan nach Wunsch sofort servieren.

6-8 PORTIONEN

Vorbereitungszeit: ca. 10 Minuten
Garzeit: 45–55 Minuten

RISOTTO MIT MEERESFRÜCHTEN

Beim echten Risotto wird die Flüssigkeit nach und nach zugegeben. In dieser Version wird die gesamte Fondmenge angegossen und das Risotto so lange gekocht, bis sie vollständig aufgesogen ist.

- 50 g Butter
- 1 Zwiebel (gehackt)
- je 1 gelbe Paprikaschote und 1 rote Paprikaschote (geputzt und gehackt)
- 4 Tomaten (gehäutet, entkernt und gehackt)
- 400 g Kabeljaufilet (ohne Haut und in mundgerechte Stücke geschnitten)
- das Fleisch von 8 Jakobsmuscheln (siehe Seite 17)
- Salz und Pfeffer
- 400 g italienischer Risottoreis
- 800 ml heißer Fischfond (siehe Seite 8)
- 1 Eßlöffel frische, gehackte Petersilie zum Garnieren
- 2 Eßlöffel geriebener Parmesankäse zum Servieren

1 Die Hälfte der Butter in einem Topf erhitzen. Zwiebel, Paprika und Tomaten darin bei schwacher Hitze ca. 1 Minute unter gelegentlichem Rühren anbraten.

2 Kabeljau und Muscheln zufügen und weitere 3 Minuten braten. In eine Schüssel füllen, mit Salz und Pfeffer würzen. Zudecken und beiseite stellen.

3 Restliche Butter im Topf erhitzen, Reis zugeben und 3 Minuten unter ständigem Rühren anbraten. Fond und ½ Teelöffel Salz unterrühren. Aufkochen, Hitze reduzieren und zugedeckt ca. 15 Minuten köcheln lassen, bis der Reis fast gar ist und alle Flüssigkeit aufgenommen wurde. Fischmischung unterrühren, alles ca. 2 Minuten erhitzen. Risotto mit Petersilie garnieren, mit etwas Parmesan bestreuen, servieren.

4 PORTIONEN

Vorbereitungszeit: ca. 10 Minuten

Garzeit: ca. 25 Minuten

FISCHAUFLAUF

- 500 g Kabeljaufilet
- 1 Lorbeerblatt
- 6 weiße Pfefferkörner
- 1¼ l Milch
- 2 Eßlöffel Olivenöl
- 2 große Zwiebeln (in Ringe geschnitten)
- 500 g Kartoffeln (in dünne Scheiben geschnitten)
- 2 Knoblauchzehen (geschält)
- Muskat
- feines Meersalz
- Pfeffer
- 6 große Eier
- 500 g Tomaten (gehäutet und in dünne Scheiben geschnitten)
- ½ Teelöffel getrockneter Dill
- 50 g Edamer- oder Goudakäse (gerieben)
- Dillzweige zum Garnieren

1 Fisch, Lorbeerblatt, Pfefferkörner und die Hälfte der Milch in einen flachen Topf geben. Aufkochen und bei schwacher Hitze zugedeckt ca. 15 Minuten köcheln lassen, bis sich das Fleisch leicht zerpflücken läßt.
2 Öl in einem Topf erhitzen und Zwiebeln darin ca. 15 Minuten bei schwacher Hitze dünsten. Mit einem Schaumlöffel herausnehmen und beiseite stellen.
3 Kartoffeln in einen Topf schichten. Auf jede Schicht ein paar Knoblauchscheiben von 1 Knoblauchzehe, etwas Muskat, Salz und Pfeffer geben. Die restliche Milch zugießen. Aufkochen und 8–10 Minuten bei schwacher Hitze köcheln lassen, bis die Kartoffeln knapp gar sind. Inzwischen 4 Eier in ca. 10 Minuten hart kochen.
4 Eine ofenfeste Form mit dem restlichen Knoblauch ausreiben und die gedünsteten Zwiebeln hineinfüllen. Fisch mit einem Schaumlöffel aus der gewürzten Milch heben und auf die Zwiebeln legen. Die Milch aus dem Fischtopf durch ein Sieb gießen und beiseite stellen.
5 Tomaten in das Zwiebelöl geben und 2–3 Minuten bei starker Hitze pfannenrühren, bis die Tomaten weich werden und etwas Saft austritt. Die Tomaten über den Fisch geben und mit Dill bestreuen. Den Knoblauch, mit dem die Form ausgerieben wurde, in die Mischung geben.
6 Kartoffeln abgießen, dabei die Milch auffangen. Eier unter fließendem, kaltem Wasser abschrecken, schälen und in Scheiben schneiden. Eierscheiben über die Tomaten legen und mit Kartoffelscheiben abdecken.
7 Die restlichen 2 Eier verschlagen und mit der aufgefangenen Milch verrühren. Über den Auflauf gießen. Falls die Flüssigkeit nicht bis zur Kartoffelschicht reicht, noch etwas Milch dazugießen. Käse darüberstreuen.
8 Im vorgeheizten Ofen bei 180 Grad 15–20 Minuten backen, bis die Flüssigkeit leicht zu stocken beginnt. Mit Dillzweigen garnieren und sofort servieren.

6 PORTIONEN
Vorbereitungszeit: 20–25 Minuten
Garzeit: ca. 15–20 Minuten
Ofentemperatur: 180 Grad, Gas Stufe 2–3, Umluft 160 Grad

GEBRATENE GARNELEN MIT GEMÜSE

- 4 Eßlöffel Öl
- 15 g frischer Ingwer (geschält und in dünne Streifen geschnitten)
- 2 Knoblauchzehen (geschält und gehackt)
- 8 Lauchzwiebeln (geputzt und schräg geschnitten)
- 1 Möhre (geschält und in dünne Streifen geschnitten)
- 8 Stangen Staudensellerie (schräg geschnitten)
- 500 g Blumenkohl (in kleinen Röschen)
- 2 rote Paprikaschoten (geputzt und gewürfelt)
- 1 grüne Paprikaschote (geputzt und in feine Streifen geschnitten)
- 1 kg Riesengarnelen (roh, geschält und ohne schwarzen Faden (Darm))
- Selleriegrün zum Garnieren

Soße:

- 2 Teelöffel Speisestärke
- 2 Eßlöffel Weißweinessig
- 2 Teelöffel Sojasoße
- 2 Teelöffel passierte Tomaten (Fertigprodukt)
- Salz und Pfeffer

1 Öl im Wok oder in einer tiefen Pfanne erhitzen. Ingwer und Knoblauch darin bei mittlerer Hitze ca. 30 Sekunden pfannenrühren. Lauchzwiebeln, Möhre und Sellerie ca. 1 Minute mitbraten. Blumenkohl hinzufügen und weitere 30 Sekunden unter ständigem Rühren braten. Paprikaschoten zugeben und ca. 30 Sekunden pfannenrühren. Garnelen 2–3 Minuten mitgaren.
2 Für die Soße alle Zutaten und 6 Eßlöffel Wasser mischen. In den Wok oder die tiefe Pfanne füllen und bei starker Hitze so lange verrühren, bis sich die Garnelen rosa gefärbt haben und alles mit Soße überzogen ist. Auf vorgewärmten Tellern anrichten, mit Selleriegrün garnieren und sofort servieren.

4 PORTIONEN
Vorbereitungszeit: ca. 10 Minuten
Garzeit: 5–7 Minuten

GARNELEN MIT CHILISOSSE AUF CHINESISCHE ART

Dieses Rezept stammt ursprünglich aus Szechuan, einer Provinz im Westen Chinas. Sie ist berühmt für ihre scharfe und würzige Küche.

- 1 Eβlöffel Öl
- 3 Lauchzwiebeln (gehackt)
- 2 Teelöffel fein gehackter, frischer Ingwer
- 250 g Garnelen (gegart, geschält und ohne scharzen Faden (Darm))
- 150 g Zuckererbsen
- ½ Teelöffel Chilipulver
- 1 Teelöffel passierte Tomaten (Fertigprodukt)
- ¼ Teelöffel Salz
- ½ Teelöffel Zucker
- 1 Eβlöffel trockener Sherry
- ½ Teelöffel geröstetes Sesamöl
- ganze gegarte Garnelen mit Schale zum Garnieren

1 Öl im Wok erhitzen. Lauchzwiebeln und Ingwer darin ca. 30 Sekunden pfannenrühren. Garnelen, Zuckererbsen, Chilipulver, passierte Tomaten, Salz, Zucker und Sherry ca. 5 Minuten bei starker Hitze unter ständigem Rühren mitbraten.

2 Sesamöl darüberträufeln und auf vorgewärmten Teller anrichten. Mit den Garnelen anrichten und sofort servieren.

4 PORTIONEN

Vorbereitungszeit: ca. 6 Minuten
Garzeit: ca. 6 Minuten

THUNFISCH-KÜCHLEIN

- 300 g Kartoffeln (gekocht und geschält)
- 25 g Butter oder Margarine
- 2 Dosen Thunfisch (naturell, 300 g Abtropfgewicht, abgetropft und zerpflückt)
- 2 Eßlöffel gehackte Petersilie
- 2 Eier
- Mehl für die Arbeitsfläche
- Salz und Pfeffer
- 75 g Paniermehl
- Öl zum Braten

1 Kartoffeln durch eine Kartoffelpresse drücken und mit dem Fett verrühren. Thunfisch, Petersilie und 1 Ei untermischen. Mit Salz und Pfeffer abschmecken. Zugedeckt ca. 20 Minuten in den Kühlschrank stellen.
2 Thunfischmischung auf die bemehlte Arbeitsfläche legen und eine Rolle formen. In 8 Scheiben schneiden und jede Scheibe zu einem flachen, runden Küchlein mit ca. 6 cm ø formen. Im restlichen verschlagenen Ei und dem Paniermehl wenden.
3 Öl in einer Pfanne erhitzen. Fischküchlein darin 2–3 Minuten auf jeder Seite goldbraun braten. Auf Tomatensalat servieren.

4 PORTIONEN
Vorbereitungszeit: 10–15 Minuten, plus Kühlzeit
Garzeit: ca. 12 Minuten

JAKOBSMUSCHELN IN KRÄUTERSOSSE

Sie können dieses leckere Gericht entweder als Vorspeise mit knusprigem Brot und Butter oder als Hauptgericht mit Reis oder auf Gemüse servieren. Wenn die Jakobsmuscheln zu teuer sind, verwenden Sie einfach weniger und reichen Sie neue Kartoffeln dazu.

- 12 Jakobsmuscheln
- 150 ml Weißwein
- Meersalz und Pfeffer
- 1 Eßlöffel Weizenmehl (Type 405)
- 25 g Butter
- 150 g Sahne
- 1 Eßlöffel gehackter Estragon
- 1 Eßlöffel gehackter Dill
- 1 Eßlöffel Schnittlauchröllchen
- 1 Eßlöffel gehackte Petersilie

1 Muscheln aus der Schale lösen, das Corail vorsichtig abtrennen und den dunklen Faden (Darm) entfernen. Muschelfleisch und Corail waschen, trockentupfen und vierteln. Wein und 150 ml Wasser in einen flachen Topf gießen. Mit Salz und Pfeffer würzen. Aufkochen und das Muschelfleisch zugeben. Zugedeckt ca. 8 Minuten köcheln lassen, bis die Muscheln gar sind. Mit einem Schaumlöffel herausheben und warm stellen.

2 Garflüssigkeit im Topf warm halten. Mehl und Butter in einer Tasse verkneten. Nach und nach in kleinen Stücken in die Garflüssigkeit rühren. So lange bei schwacher Hitze unter ständigem Rühren köcheln lassen, bis eine Soße ensteht. Sahne unterrühren. Kräuter unter Rühren zugeben. Muschelfleisch in die Soße legen und kurz darin erwärmen. Muscheln mit der Sauce auf einem flachen Teller auf Gemüse anrichten, sofort servieren.

4 PORTIONEN

Vorbereitungszeit: ca. 30 Minuten

Garzeit: ca. 15 Minuten

FISCHKOTELETTS SÜSS-SAUER

- 4 Kabeljaukoteletts oder -steaks (je ca. 180 g)
- 1 Eßlöffel Margarine
- 1 Zwiebel (in dünne Ringe geschnitten)
- 150 ml Fischfond (siehe Seite 8)
- 150 ml Orangensaft
- 2 Eßlöffel Weinessig
- 1 Eßlöffel Sojasoße
- 2 Teelöffel weicher, brauner Zucker
- 1½ Eßlöffel Speisestärke

ZUM GARNIEREN:

- Orangenschale (in dünne Streifen geschnitten und blanchiert)
- Lauchzwiebeln (in dünne Streifen geschnitten)

1 Fischstücke nebeneinander in einen großen Topf legen. Die Fischkoteletts mit kaltem Wasser bedecken und das Wasser bei mittlerer Hitze langsam aufkochen. Fisch ca. 10 Minuten dünsten, bis er gar ist.

2 Inzwischen die Margarine in einem Topf erhitzen und die Zwiebel darin 5–7 Minuten glasig dünsten. Mit Fischfond, Orangensaft, Essig, Sojasoße und Zucker gut verrühren.

3 Speisestärke mit etwas kaltem Wasser anrühren und zur Soße geben. Aufkochen und unter ständigem Rühren 3–5 Minuten köcheln, bis die Soße andickt.

4 Den Fisch mit dem Schaumlöffel herausnehmen und auf einem vorgewärmten Teller anrichten. Soße über den Fisch gießen. Mit Orangenschalen- und Lauchzwiebelstreifen garnieren.

4 PORTIONEN

Vorbereitungszeit: ca. 10 Minuten
Garzeit: 15–20 Minuten

VARIATIONEN

Kabeljaukoteletts durch Lachs ersetzen. Grüne, rote oder gelbe Paprika (in feine Streifen geschnitten) nach Wunsch in die Soße geben.

PORTUGIESISCHES MUSCHELGERICHT

In diesem Rezept werden frische Muscheln mit einer Soße aus Wein, Tomaten, Kräutern, Knoblauch und Gewürzen serviert. Schon beim Zubereiten weckt der Duft die Sehnsucht nach Südeuropa. In Portugal wird dieses Gericht als Vorspeise oder als Hauptgericht mit einer Flasche eisgekühltem Vinho verde serviert.

MARINADE:

- 6 Eßlöffel Olivenöl
- 2 Teelöffel Rotweinessig
- 2 Eßlöffel gehackte Petersilie
- ½ Teelöffel getrockneter Thymian
- Cayennepfeffer
- 1 Knoblauchzehe (durch die Presse gedrückt, nach Wunsch)
- 1 kleine Zwiebel (gehackt)
- 1 Lorbeerblatt

MUSCHELN UND FISCH:

- 500 g Seehecht oder Kabeljau (in mundgerechte Stücke geschnitten)
- 1 kg Miesmuscheln (abgebürstet und Bärte entfernt, geöffnete aussortieren)
- 200 g eingelegte, rote Paprikaschoten (in Streifen geschnitten)
- 4 große Tomaten (gehäutet, entkernt und geviertelt)
- 2 Eßlöffel Tomatenmark
- 8 Eßlöffel Weißwein
- 3 Eßlöffel frische Weißbrotkrumen

1 Für die Marinade alle Zutaten in einer tiefen, ofenfesten Form mischen. Seehecht oder Kabeljau darin zugedeckt mindestens 2 Stunden marinieren, bis die Fischstücke Geschmack angenommen haben.
2 Fisch in der Marinade im vorgeheizten Ofen zugedeckt bei 190 Grad ca. 15 Minuten garen.
3 Muscheln, Paprikaschoten, Tomaten, Tomatenmark, Wein und Brotkrumen zugeben. Vorsichtig untermischen, damit der Fisch nicht zerfällt, und ohne Deckel ca. 10 Minuten garen. Soße abschmecken. Alle Muscheln, die sich nicht geöffnet haben, herausnehmen und wegwerfen. Sofort mit ofenfrischem Baguette servieren.

4 PORTIONEN

Vorbereitungszeit: ca. 45 Minuten, plus Marinierzeit
Garzeit: ca. 30 Minuten
Ofentemperatur: 190 Grad, Gas Stufe 3, Umluft 170 Grad

FÜR GÄSTE

RED SNAPPER MIT KARTOFFELN UND OLIVEN

500 g Kartoffeln (in sehr dünne Scheiben geschnitten)
2 unbehandelte Zitronen (in Scheiben geschnitten)
80 g Butter
4 Red-Snapper-Filets (à ca. 180 g)
Salz und Pfeffer
150 g schwarze und grüne Oliven (entsteint)
Olivenöl zum Beträufeln
Dillzweige zum Garnieren

1 Den Boden einer großen, flachen und gefetteten Form oder ein Backblech mit den Kartoffel- und Zitronenscheiben belegen. Butter in Flocken großzügig darüber verteilen.

2 Fischfilets auf die Kartoffeln und Zitronen legen. Mit Salz und Pfeffer würzen. Oliven über dem Fisch verteilen. Reichlich mit Olivenöl beträufeln und im vorgeheizten Ofen bei 190 Grad 30–40 Minuten garen, bis sich das Fleisch leicht zerpflücken läßt und gar ist. Mit Dill garnieren und sofort servieren.

4 PORTIONEN
Vorbereitungszeit: ca. 10 Minuten
Garzeit: 30–40 Minuten
Ofentempteratur: 190 Grad, Gas Stufe 3, Umluft 170 Grad

PAELLA

- 3 Eßlöffel Olivenöl
- 250 g Hähnchenbrust (in Würfeln)
- 1 große Zwiebel (in Scheiben geschnitten)
- 1 rote Paprikaschote (geputzt und in dünne Streifen geschnitten)
- 4 Tomaten (gehäutet, entkernt, gehackt)
- 1 Knoblauchzehe (fein gehackt)
- 250 g Langkornreis
- 2 Döschen Safranpulver (à 0,1 g)
- Salz und Pfeffer
- 600 ml heiße Hühnerbrühe
- 8 Miesmuscheln (abgebürstet)
- 12 Riesengarnelen (roh, geschält und ohne dunklen Faden (Darm))
- 150 g Knoblauchwurst am Stück (gehackt)
- 50 g tiefgekühlte Erbsen
- Zitronenachtel zum Garnieren

1 2 Eßlöffel Öl in einer Pfanne erhitzen. Hähnchenstücke darin bei starker Hitze anbraten, herausnehmen.
2 Restliches Öl in der Pfanne erhitzen. Zwiebel, Paprika, Tomaten und Knoblauch darin 8–10 Minuten dünsten.
3 Reis und Safran untermischen. Salzen und pfeffern, ca. 3 Minuten kochen. Brühe zugießen, langsam aufkochen. Vorsichtig umrühren. Hähnchen, Muscheln, Garnelen, Wurst und Erbsen auf den Reis geben. Zudecken und 15–20 Minuten köcheln lassen, bis die Flüssigkeit aufgenommen ist.
4 Geschlossene Muscheln herausnehmen, wegwerfen. Paella mit Zitronenachteln garnieren und sofort servieren.

4-6 PORTIONEN

Vorbereitungszeit: ca. 20 Minuten
Garzeit: 50–60 Minuten

FETTUCCINE MIT LACHS UND SPARGEL

- 500 g grüner Spargel
- Salz
- 400 g Fettucine oder Tagliatelle
- 150 g geräucherter Lachs (in dünne Streifen geschnitten)
- 300 g Crème fraîche
- 1 Eßlöffel Estragonblätter
- Pfeffer
- Parmesanraspel zum Garnieren (nach Wunsch)

1 Spargelspitzen abschneiden und in kochendem Salzwasser ca. 5 Minuten blanchieren. Die Stangen für Suppe oder Brühe verwenden.

2 Nudeln in kräftig gesalzenem Wasser nach Packunganweisung bißfest kochen. Abgießen, abtropfen lassen und zurück in den Topf geben.

3 Spargelspitzen, Lachs, Crème fraîche und Estragon zu den Nudeln geben, vorsichtig unterheben und alles kurz erwärmen. Mit Salz und Pfeffer abschmecken.

4 Das Pastagericht auf vorgewärmten Serviertellern anrichten und nach Wunsch mit hauchdünn geschnittenen Parmesanraspeln garnieren. Sofort servieren.

4 PORTIONEN
Vorbereitungszeit: ca. 10 Minuten
Garzeit: 15–20 Minuten

VARIATION

LACHS MIT PILZSOSSE

Den grünen Spargel durch 250 g gemischte Pilze, z. B. Champignons, Shiitake oder Austernpilze, ersetzen. Pilze in gleich große Stücke schneiden und in 2 Eßlöffeln Olivenöl 5–7 Minuten unter Rühren braten. Mit Lachs, Crème fraîche sowie den gekochten und gut abgetropften Nudeln mischen und sofort servieren.

RÖSTI MIT LACHS UND BRUNNEN-KRESSE-SOSSE

BRUNNENKRESSE-SOSSE:

- 2-3 Bund Brunnenkresse
- 250 g Crème fraîche
- Zitronensaft (nach Wunsch)
- Salz und Pfeffer

RÖSTI:

- 500 g Kartoffeln (roh, gerieben)
- Salz und Pfeffer
- 3-4 Eßlöffel Olivenöl
- 4 Lachsfilets
- Butter zum Grillen, Öl für die Folie

1 Für die Soße die Brunnenkresse hacken und 4 Zweige zum Garnieren weglegen. Crème fraîche und gehackte Brunnenkresse verrühren. Zitronensaft nach Wunsch zugießen, mit Salz und Pfeffer abschmecken, beiseite stellen.

2 Geriebene Kartoffeln in eine Schüssel geben, mit Salz und Pfeffer würzen. Aus der Mischung 4 Küchlein formen.

3 Öl in einer Pfanne erhitzen und die Küchlein darin bei mittlerer Hitze von allen Seiten braun braten, bis die Rösti gar sind. Aus der Pfanne nehmen und warm stellen.

4 Inzwischen Lachsfilets mit Salz und Pfeffer würzen. Auf einen Bratrost gefettete Folie legen und die Filets darauflegen. Mit Butterflocken bestreuen und die Lachsfilets unter dem vorgeheizten Grill 4–5 Minuten von beiden Seiten garen.

5 Soße bei schwacher Hitze erwärmen oder kalt servieren.

6 Ein Rösti auf jeden Teller geben, je 1 Lachsfilet darauflegen und etwas Soße darübergießen. Mit Brunnenkressezweigen garnieren und sofort servieren.

4 PORTIONEN

Vorbereitungszeit: ca. 20 Minuten
Garzeit: ca. 20 Minuten

SCHARFE FISCHFILETS

FÜLLUNG:

- 120 g frische Weißbrotkrumen
- 50 g Butter (zerlassen)
- 1 Eßlöffel feine Schnittlauchröllchen
- 1 Teelöffel fein gehacktes Koriandergrün
- 1 kleine, grüne Paprikaschote (fein gehackt)
- ½ Zwiebel (gerieben)
- abgeriebene Schale und Saft von 1 Limette
- 1 Prise Muskat
- Salz und Pfeffer

FISCH:

- 4 Seebarsch- oder Meerbrassenfilets (à ca. 180 g)
- Saft von 2 Limetten
- Pfeffer und Salz
- 6 Eßlöffel Olivenöl
- fritierte Zwiebelringe zum Garnieren

CHILIMISCHUNG:

- 2 Eßöffel Öl
- 1 kleine Zwiebel (gehackt)
- 1 Knoblauchzehe (fein gehackt)
- 1 rote Chilischote (geputzt und gehackt)
- 1 Eßlöffel gehacktes Koriandergrün
- 4 Eßlöffel Fischfond (siehe Seite 8)

1 Brotkrumen mit zerlassener Butter verrühren. Alle anderen Zutaten für die Füllung zugeben. Mit Muskat, Salz, Pfeffer würzen. Zugedeckt beiseite stellen.
2 Fischfilets waschen, trockentupfen und in eine große, ofenfeste Form legen. Mit Limettensaft beträufeln, mit Pfeffer würzen und ca. 1 Stunde im Kühlschrank marinieren.
3 Für die Chilimischung Öl erhitzen. Zwiebel und Knoblauch darin goldbraun braten. Chilischote 2–3 Minuten mitbraten. Koriandergrün und Fischfond unterrühren.
4 Fisch aus der Marinade nehmen, salzen, Brotmischung darauf verteilen. Filets zusammenfalten, mit Holzspießchen verschließen, in eine ofenfeste Form legen. Öl und restliche Marinade darübergießen. Mit der Chilimischung bestreichen. Im vorgeheizten Ofen bei 180 Grad ca. 20 Minuten garen. Mit fritierten Zwiebelringen garnieren.

4 PORTIONEN
Vorbereitungszeit: ca. 25 Minuten, plus Marinierzeit
Garzeit: ca. 25 Minuten
Ofentemperatur: 180 Grad, Gas Stufe 3–4, Umluft 160 Grad

SCHOLLENFILETS MIT KRÄUTERKRUSTE

- 1 große Scheibe Weißbrot (ohne Rinde)
- je 3 Eßlöffel grob zerkleinerte Petersilie, Estragon und Schnittlauch
- Salz
- 1 Teelöffel Zitronensaft
- 3 Eßlöffel Olivenöl
- 25 g Butter (zerlassen)
- 4 Schollenfilets (à ca. 80 g)
- Öl für die Folie
- Pfeffer

1 Brot in Stücke teilen und im Mixer oder mit dem Mixstab fein zerkleinern. Kräuter mit Salz und Zitronensaft zugeben und noch einmal kurz mixen. Mit Öl und Butter zu einer Paste verrühren.

2 Schollenfilets mit der Hautseite nach unten auf einen mit gefetteter Alufolie ausgelegten Bratrost legen. Die Fischfilets mit Salz und Pfeffer würzen, dann die Kräuter-Mischung gleichmäßig darauf verteilen. Fisch unter dem vorgeheizten Grill bei mittlerer Hitze ca. 10 Minuten braten, bis er gar ist.

3 Schollenfilets nach Wunsch auf Zwiebelringen und gelben Tomatenscheiben oder anderem Gemüse anrichten und servieren.

2 PORTIONEN

Vorbereitungszeit: ca. 10 Minuten

Garzeit: ca. 10 Minuten

LACHSSTEAK MIT PESTOSOSSE

- 6 Lachssteaks (à ca. 150 g)
- Salz und Pfeffer
- 75 g Butter
- Öl für die Folie
- 200 g Pesto alla Genovese (italienische Basilikumpaste) oder Pesto rosso (italienische Basilkumpaste mit getrockneten Tomaten)
- 300 g Crème fraîche
- Zum Garnieren:
- Basilikumblätter
- schwarze Oliven

1 Lachssteaks mit Salz und Pfeffer würzen, Butter in Flocken darüber verteilen. Fischsteaks auf den mit gefetteter Alufolie ausgelegten Bratrost legen und unter dem vorgeheizten Grill bei mittlerer Hitze 10–12 Minuten braten, bis sie gar sind. Nach ca. 6 Minuten wenden.
2 Inzwischen Pesto mit Crème fraîche mischen und in einem kleinen Topf 2–3 Minuten bei schwacher Hitze erwärmen. Nach Geschmack würzen.
3 Lachssteaks auf vorgewärmten Tellern anrichten. Etwas Soße darüber geben, mit Basilikumblättern und schwarzen Oliven garnieren. Dazu passen gegrillte Porreeringe.

6 PORTIONEN
Vorbereitungszeit: ca. 10 Minuten
Garzeit: 10–12 Minuten

ROTZUNGE MIT ORANGEN UND WILDREIS

- 250 g Wildreis
- Salz
- 25 g Butter
- 4 Schalotten (fein gehackt)
- 300 ml trockener Weißwein
- 1/4 l frisch gepreßter Orangensaft
- 2 Teelöffel abgeriebene Schale von 1 Orange
- 3 Teelöffel rotes Johannisbeergelee (nach Wunsch)
- Pfeffer
- flüssiger Honig
- 8 Rotzungenfilets (à ca. 80 g; ersatzweise Schollenfilets)
- 2 Eßlöffel Weizenmehl (Type 405)
- Sonnenblumenöl zum Braten
- 2 Orangen (geschält, in dünne Scheiben geschnitten)
- Pfeffer
- 2 Eßlöffel gehackte Petersilie zum Garnieren

1 Wildreis in einem großen Topf in reichlich Salzwasser 40–45 Minuten oder nach Packungsanweisung bißfest kochen.
2 In der Zwischenzeit Butter bei mittlerer Hitze in einem großen Topf erhitzen. Schalotten darin ca. 3 Minuten glasig dünsten. Wein, Orangensaft, Orangenschale und nach Wunsch Johannisbeergelee zugeben. Aufkochen und so lange kochen lassen, bis die Hälfte der Flüssigkeit verdampft ist. Mit Salz, Pfeffer und etwas Honig nach Geschmack würzen. Zugedeckt warm stellen.
3 Fischfilets im Mehl wenden und mit Salz und Pfeffer würzen. Öl in einer Pfanne erhitzen. Fisch darin portionsweise ca. 3 Minuten auf jeder Seite braten. Aus der Pfanne nehmen und warm stellen.
4 Reis abgießen und Orangenscheiben untermischen. Auf einem vorgewärmten Teller anrichten, Fischfilets darauflegen und die Soße darüber verteilen. Mit Petersilie garnieren und sofort servieren.

4 PORTIONEN
Vorbereitungszeit: 10–15 Minuten
Garzeit: ca. 45 Minuten

ROTZUNGE MIT TOMATEN-DRESSING

TOMATEN-DRESSING:
- 6 Eßlöffel French Dressing (Fertigprodukt)
- 1 Eßlöffel Pesto rosso (italienische Basilkumpaste mit getrockneten Tomaten)
- 1 Eßlöffel Crème fraîche
- 1 Eßlöffel Limettensaft

FISCH:
- 8 Rotzungenfilets (ersatzweise Schollenfilets)
- 2 Eßlöffel Weizenmehl (Type 405)
- Salz und Pfeffer
- Olivenöl zum Braten
- Salatblätter zum Servieren
- Petersilie zum Garnieren

1 Für das Dressing das French Dressing, Pesto rosso, Crème fraîche und etwas Limettensaft mit dem Schneebesen verrühren.
2 Fischfilets im Mehl wenden und mit Salz und Pfeffer würzen. Öl in einer Pfanne erhitzen. Fischfilets darin portionsweise ca. 3 Minuten auf jeder Seite braten.
3 Etwas Dressing auf jeden Teller geben. Salatblätter darüberlegen und mit Tomaten-Dressing beträufeln. Die gebratenen Rotunzgenfilets auf den Salatblättern anrichten. Etwas Limettensaft darüberträufeln und das Gericht mit Petersilie garniert sofort servieren.

4 PORTIONEN
Vorbereitungszeit: ca. 10 Minuten
Garzeit: 10–15 Minuten

GERÄUCHERTER SCHELLFISCH MIT PAPRIKASOSSE

- 2 geräucherte Schellfischfilets
- 300 ml Milch
- 1 Eßlöffel Olivenöl
- 2 Schalotten (fein gehackt)
- 1 Knoblauchzehe (durch die Presse gedrückt)
- 2 große, rote Paprikaschoten (geputzt und fein gehackt)
- 150 g Crème fraîche oder saure Sahne
- 100 g Frischkäse (nach Wunsch)
- 1 Eßlöffel gehackter Estragon
- Salz und Pfeffer
- gehackter Estragon zum Garnieren

1 Schellfischfilets in einen flachen Topf geben, Milch dazugießen und die Fischfilets ca. 5 Minuten darin pochieren. Fisch herausnehmen, warm stellen und die Milch beiseite stellen.

2 In der Zwischenzeit Öl in einer Pfanne erhitzen. Schalotten und Knoblauch darin bei mittlerer Hitze ca. 5 Minuten glasig dünsten. Paprikaschoten zugeben und 7–8 Minuten unter gelegentlichem Rühren mitdünsten.

3 Crème fraîche oder saure Sahne, ca. 6 Eßlöffel von der beiseite gestellten Milch und nach Wunsch Frischkäse in einer Schüssel verrühren. Paprikamischung zugeben. Nach Wunsch die Paprikasoße im Mixer oder mit dem Stabmixer pürieren und wieder in den Topf geben. Zum Schluß Estragon unterrühren. Die Soße mit Salz und Pfeffer abschmecken und noch ca. 5 Minuten köcheln lassen.

4 Soße auf Tellern anrichten und die Schellfischfilets darauf anrichten. Etwas Pfeffer darüber mahlen, mit Estragon garnieren, sofort servieren.

2 PORTIONEN

Vorbereitungszeit: ca. 10 Minuten
Garzeit: ca. 20 Minuten

HEILBUTT MIT GARNELENSOSSE

- 4 Heilbuttfilets (à ca. 150 g)
- 300 ml trockener Weißwein
- 1 Schalotte (geschält und gehackt)
- Salz und Pfeffer
- Öl für die Form
- ½ Teelöffel Sardellenpaste
- 1 Teelöffel Tomatenmark
- 150 g Garnelen (gegart, geschält und ohne schwarzen Faden (Darm))
- 4 Eßlöffel Crème double

1 Fischfilets, Wein und Schalotte in einem großen Topf ca. 5 Minuten bei schwacher Hitze garen. Mit Salz und Pfeffer würzen. Den Fisch vorsichtig mit dem Schaumlöffel herausheben, in eine gefettete, ofenfeste Form legen.
2 Sardellenpaste, Tomatenmark und Garnelen in den Topf geben. So lange kochen, bis die Hälfte der Flüssigkeit verdampft ist. Crème double unterrühren, Soße andicken lassen und über dem Fisch verteilen.
3 Heilbutt im vorgeheizten Ofen bei 200 Grad ca. 20 Minuten garen. Auf Gemüse anrichten, sofort servieren.

4 PORTIONEN
Vorbereitungszeit: ca. 20 Minuten
Garzeit: 30–40 Minuten
Ofentemperatur: 200 Grad, Gas Stufe 4–5, Umluft 180 Grad

HEILBUTT AUF GEMÜSEBETT

2 PORTIONEN
Vorbereitungszeit: ca. 20 Minuten
Garzeit: ca. 25 Minuten
Ofentemperatur: 200 Grad, Gas Stufe 4–5, Umluft 180 Grad

- 2 Eßlöffel Olivenöl
- je ½ rote und grüne Paprikaschote (geputzt und grob gehackt)
- 50 g Champignons (in Scheiben geschnitten)
- 1 Zucchini (der Länge nach in 3 cm lange Streifen geschnitten)
- ½ Aubergine (der Länge nach in 3 cm lange Streifen geschnitten)
- 2 Tomaten (gehäutet und gehackt)
- 1 Eßlöffel Tomatenmark
- 2 Heilbuttsteaks (à ca. 150 g)
- 50 g Butter
- Salz und Pfeffer
- je 2 Eßlöffel gehackte(r) Petersilie, Estragon und Schnittlauchröllchen

1 Öl in einem großen Topf erhitzen. Paprika, Champignons, Zucchini, Aubergine, Tomaten und Tomatenmark darin unter gelegentlichem Rühren 15–20 Minuten bei mittlerer Hitze dünsten.

2 In der Zwischenzeit Backblech mit reichlich Alufolie auslegen. Fisch darauflegen, Butter in Flocken darübergeben, mit Salz und Pfeffer würzen. Folie locker über dem Fisch zusammenfalten. Im vorgeheizten Ofen bei 200 Grad 18–20 Minuten garen.

3 Gemüse und Fisch nach Wunsch mit mehr Kräutern oder Tomatenmark würzen. Das Gemüse auf vorgewärmten Tellern anrichten, den Fisch darauf anrichten und sofort servieren.

FORELLE MIT ZITRONEN-INGWER-FÜLLUNG

- 400 g Wildreis
- Salz
- 75 g Pinienkerne (geröstet und gehackt)
- 3 Eßlöffel feine Schnittlauchröllchen
- 3 Bund Lauchzwiebeln (in dünne Scheiben geschnitten)
- 50 g frischer Ingwer (geschält und gerieben)
- abgeriebene Schale und Saft von 2 unbehandelten Zitronen
- Pfeffer
- 6 küchenfertige Regenbogenforellen
- 6 Stück Alufolie zum Einwickeln der Forellen
- 50 g weiche Butter
- Schnittlauch zum Garnieren
- Zitronenschale zum Garnieren

1 Wildreis in einem großen Topf in reichlich Salzwasser 40–45 Minuten oder nach Packungsanweisung bißfest kochen. Reis abgießen und gut abtropfen lassen.
2 Reis, Pinienkerne, Schnittlauchröllchen, Lauchzwiebeln, Ingwer und Zitronenschale in einer großen Schüssel mischen. Mit Salz und Pfeffer abschmecken. Forellen innen kalt ausspülen, trockentupfen und mit der Reismischung füllen.
3 Alufolie mit Butter bestreichen und auf jedes Stück eine Forelle legen. Jede Forelle mit Zitronensaft beträufeln. Folie über den Forellen zusammenfalten, die Ränder dabei gut zusammenkneifen. Die Forellenpäckchen auf das Backblech legen und im vorgeheizten Ofen bei 200 Grad ca. 20 Minuten garen. Mit Schnittlauch und Zitronenschale garnieren und mit der restlichen Reismischung sofort servieren.

6 PORTIONEN
Vorbereitungszeit: ca. 20 Minuten
Garzeit: ca. 1 Stunde
Ofentemperatur: 200 Grad, Gas Stufe 4–5, Umluft 180 Grad

MEERBARBE MIT FENCHEL UND ROUILLE

Dieses Rezept eignet sich besonders gut für eine Party. Der Fisch kann schon 1 Stunde bevor er gegart wird, vorbereitet und zugedeckt kalt gestellt werden. Die Knoblauchmayonnaise können Sie sogar 24 Stunden vorher zubereiten und anschließend zugedeckt im Kühlschrank aufbewahren. Falls die Soße sehr lange durchzieht, sollte allerdings nur 1 Chilischote verwendet werden. Denn je länger die Mayonnaise steht, desto intensiver nimmt sie den Geschmack an und bietet ein wahrlich feuriges Erlebnis.

- 6 mittelgroße Meerbarbenfilets
- 2 kleine Fenchelknollen
- 2 Eßlöffel Olivenöl
- Fett für die Folie
- Meersalz
- Pfeffer

ROUILLE (KNOBLAUCHMAYONNAISE):

- 3 Knoblauchzehen
- 1-2 rote Chilischoten (geputzt und grob gehackt)
- 2 Eigelb
- 200-250 ml Olivenöl
- Meersalz
- Pfeffer
- Zitronensaft (nach Wunsch)

1 Meerbarbenfilets waschen und trockentupfen. Fenchelknollen in sehr dünne Scheiben schneiden. Fisch mit etwas Öl bestreichen. Die Filets um ein paar Fenchelscheiben wickeln. Backblech mit gefetteter Alufolie auslegen, Fisch darauflegen und im vorgeheizten Ofen bei 180 Grad ca. 20 Minuten garen.
2 Für die Rouille den Knoblauch im Mörser zerkleinern, mit den Chilischoten zu einer geschmeidigen Paste verarbeiten. Eigelbe in einer großen Schüssel verschlagen und Knoblauchmischung gut unterrühren.
3 Ein paar Tropfen Olivenöl zugeben und kräftig verschlagen, bis das Öl vollständig aufgenommen wurde. Das restliche Öl in dünnem Strahl unter ständigem Rühren langsam dazugießen. Die Mischung sollte sehr dickflüssig und dunkelrosa sein. Mit wenig Salz, reichlich Pfeffer und etwas Zitronensaft nach Wunsch abschmecken.
4 Die Meerbarbenfilets auf einem Bett aus grünen Bohnen und Tomaten servieren. Die Mayonnaise seperat dazu reichen.

6 PORTIONEN
Vorbereitungszeit: ca. 20 Minuten
Garzeit: ca. 20 Minuten
Ofentemperatur: 180 Grad, Gas Stufe 2, Umluft 160 Grad

MEERÄSCHE IN PILZSOSSE

- 1 Meeräsche (filetiert)
- Sonnenblumenöl zum Bestreichen

PILZSOSSE:

- 2 Eßlöffel Sonnenblumenöl
- 1 große Zwiebel (geschält und in dünne Scheiben geschnitten)
- 200 g Champignons (in Scheiben)
- 50 g Walnüsse (gehackt)
- 1 Eßlöffel gehackte Petersilie
- ¼ l trockener Weißwein
- Salz und Pfeffer
- 250 g Tomaten (gehäutet, in Scheiben)

1 Fischfilets in eine große, ofenfeste Form legen und mit Öl bestreichen. Unter dem vorgeheizten Grill bei mittlerer Hitze ca. 5 Minuten auf jeder Seite braten. Zudecken und warm stellen.

2 Für die Pilzsoße Öl in einem Topf erhitzen. Zwiebel darin ca. 3 Minuten glasig dünsten. Pilze zugeben und ca. 5 Minuten mitdünsten, bis sie gar sind. Walnüsse, Petersilie und Wein hinzufügen. Mit Salz und Pfeffer würzen. Aufkochen und bei mittlerer Hitze ca. 5 Minuten köcheln lassen. Die Tomatenscheiben zugeben und weitere 2 Minuten köcheln.

3 Die Pilzsoße über dem Fisch verteilen, die Form in den vorgeheizten Ofen schieben und den Fisch bei 200 Grad ca. 15 Minuten garen. Nach Belieben auf Zuckerschoten anrichten und servieren.

4 PORTIONEN

Vorbereitungszeit: ca. 15 Minuten
Garzeit: 40–45 Minuten
Ofentemperatur: 200 Grad, Gas Stufe 4–5, Umluft 180 Grad

SEEBARSCH MIT FENCHEL

Fenchel wird häufig in französischen und italienischen Rezepten verwendet. Sein nussiges, anisartiges Aroma ergänzt hervorragend den milden Geschmack von Fisch und paßt in Rohkostsalate.

- 2 große Fenchelknollen (geputzt)
- 6 Eßlöffel Olivenöl
- Salz und Pfeffer
- 4 Seebarschfilets (à ca. 200 g)
- Möhren (in streichholzdicke Streifen geschnitten) zum Garnieren

1 Fenchelknollen längs in 1 cm lange Streifen schneiden. Öl im Wok oder einer tiefen Pfanne erhitzen. Fenchel und 8 Eßlöffel Wasser zugeben. Aufkochen und zugedeckt unter gelegentlichem Rühren ca. 15 Minuten köcheln lassen, bis der Fenchel weich ist.

2 Mit Salz und Pfeffer würzen. Den Fenchel so lange ohne Deckel weiter kochen, bis die Flüssigkeit verdampft und der Fenchel goldbraun ist. Herausnehmen und warm stellen. Das Öl dabei in Wok oder Pfanne abtropfen lassen.

3 Die Fischfilets mit Salz und Pfeffer würzen. Ins heiße Öl geben und zugedeckt 7–8 Minuten garen. Den Fisch wenden und weitere 5–6 Minuten kochen. Während des Garens Öl, das sich auf dem Fenchelteller gesammelt hat, dazugeben.

4 Fenchel auf einem vorgewärmten Teller anrichten, Fisch darauflegen und die Garflüssigkeit um und über den Fisch gießen. Zum Schluß mit Möhrenstreifen garnieren und sofort servieren.

4 PORTIONEN

Vorbereitungszeit: ca. 5 Minuten

Garzeit: 30–35 Minuten

GEDÄMPFTER FISCH MIT GEWÜRZEN

Das Dämpfen von ganzem Fisch hat in China lange Tradition. Dieses Gericht besticht durch die Kombination von Gewürzen aus dem Nahen Osten und südostasiatischer Kochtechnik.

- 1 küchenfertiger Barsch, Brasse oder Meeräsche (ca. 1½ kg)
- 1 Eßlöffel Meersalz
- Pfeffer
- 1 Eßlöffel Kreuzkümmelsamen (leicht zerstoßen)
- 5 cm frischer Ingwer (geschält und fein gehackt)
- 2 Eßlöffel Zitronensaft
- 2 Eßlöffel Öl
- 2–3 Knoblauchzehen (geschält und fein gehackt)
- 1 Eßlöffel Koriandersamen (zerstoßen)
- Lauchzwiebelstreifen zum Garnieren

1 Den Fisch unter kaltem Wasser waschen und rundum mit Salz und reichlich schwarzem Pfeffer einreiben. Zugedeckt bei Raumtemperatur ca. 30 Minuten stehen lassen, damit überschüssige Flüssigkeit austritt und das Fischfleisch fest wird.

2 Wasser ca. 2½ cm hoch in einen Topf mit Dämpfeinsatz füllen. Aufkochen und bei schwacher Hitze köcheln lassen.

3 Fisch ohne ausgetretene Flüssigkeit in den Dämpfeinsatz legen. Mit Kreuzkümmel und Ingwer bestreuen. Den Topf fest verschließen. Fisch 15–20 Minuten dämpfen, bis sich das Fleisch leicht zerpflücken läßt. Zum Gartest den Topf öffnen und mit einem scharfen Messer in der Nähe der Kiemen das Fleisch vorsichtig einstechen. Topf von der Kochstelle nehmen und den Fisch mit Zitronensaft beträufeln.

4 Öl in einer kleinen Pfanne erhitzen. Knoblauch und Koriandersamen darin bei starker Hitze ca. 1 Minute unter Rühren braten, bis das Öl angenehm nach Knoblauch und Koriander zu duften beginnt. Das heiße Öl über den Fisch gießen. Mit Lauchzwiebelstreifen garnieren und sofort servieren.

6 PORTIONEN

Vorbereitungszeit: ca. 10 Minuten, plus Zeit zum Einsalzen
Garzeit: 15–20 Minuten

VARIATIONEN:

Seezunge, Scholle oder Makrele können auf die gleiche Weise zubereitet werden. Plattfische haben eine viel kürzere Garzeit: ca. 6–8 Minuten. Makrelen brauchen vielleicht etwas länger: maximal ca. 15 Minuten, wenn sie nicht sehr groß sind. 1 ganzer Fisch reicht normalerweise, je nach Größe, für 1–2 Personen.

ROCHEN MIT BRAUNER BUTTER

Der Rochen zählt zu den wenigen Fischen, die nicht direkt nach dem Fang gegessen werden sollten. Denn die Haut ist noch ca. 12 Stunden lang, nachdem der Fisch aus dem Wasser geholt wurde, mit einem klebrigen Schleim überzogen. Wartet man diese Zeit ab, kann der Schleim einfach abgewaschen werden. Der Fisch kann danach allerdings immer noch eine klebrige Struktur aufweisen und leicht nach Ammoniak riechen. Der Geruch ist in diesem Fall jedoch kein Hinweis darauf, daß der Fisch alt ist – im Gegenteil: Jetzt sollte er zubereitet werden. Während des Garens verschwindet der Geruch dann von selbst.

- 3 Rochenflügel (à ca. 500 g, ohne Haut)
- 4 Eßlöffel Weinessig
- 5 cm Zitronenschale am Stück
- 1 Zwiebel (in Ringe geschnitten)
- 12 weiße Pfefferkörner (leicht zerstoßen)
- 1 Möhre (in Scheiben geschnitten)
- 1/4 Teelöffel feines Meersalz
- 125 g Butter
- 1 Eßlöffel Kapern (gehackt)
- 3 Eßlöffel fein gehackte Petersilie

1 Rochenflügel unter kaltem Wasser waschen.

2 1¼ l kaltes Wasser, 2 Eßlöffel Weinessig, Zitronenschale, Zwiebel, Pfefferkörner, Möhre und etwas Salz in einem Topf aufkochen. Zirka 30 Minuten kochen lassen. Von der Kochstelle nehmen und in ca. 30 Minuten abkühlen lassen. Das Abkühlen kann dadurch beschleunigt werden, indem der Topf in kaltes Wasser gestellt wird.

3 Die Rochenflügel in der Mitte quer durchschneiden und in einen große Fischtopf geben. Die abgekühlte Brühe durch ein Sieb darübergießen. Langsam aufkochen und ca. 5 Sekunden kochen lassen. Dann bei schwacher Hitze 12–15 Minuten köcheln, bis die Flügel gar sind.

4 Kurz bevor die Flügel gar sind, die Butter in einem kleinen Topf erhitzen, bis sie dunkelbraun ist. Rochenflügel aus dem Sud heben und jeweils eine Hälfte auf einem vorgewärmten Servierteller anrichten. Butter darüber gießen.

5 Rasch den restlichen Essig in den (Butter)Topf geben und bei starker Hitze aufkochen. Kapern und Petersilie unterrühren. Soße über dem Fisch verteilen und sofort servieren. Dazu paßt eine zarte Gemüsemischung.

6 PORTIONEN

Vorbereitungszeit: ca. 5 Minuten, plus Kühlzeit

Garzeit: ca. 45 Minuten

SEEZUNGEN-RÖLLCHEN MIT PARMASCHINKEN

Dieses köstliche Gericht vereint die Aromen von Fisch und Parmaschinken. Bitten Sie Ihren Fischhändler, die Seezunge küchenfertig vorzubereiten und zu filetieren. Lassen Sie sich Haut und Gräten für den Fischfond mitgeben.

- 4 Seezungenfilets (à ca. 80 g)
- 250 g Seelachsfilet
- 4 Petersilienzweige
- Salz und weißer Pfeffer
- 150 g Parmaschinken
- 2 Eßlöffel gehackte Petersilie
- 150 g saure Sahne
- Brunnenkresse zum Garnieren

Schalotten-Butter:

- 150 g weiche Butter
- 2 Schalotten (fein gehackt)
- 2 Eßlöffel gehackte Petersilie
- Zitronensaft
- Salz und Pfeffer

1 Haut und Gräten von den Seezungen- und Seelachsfilet mit 300 ml Wasser, Petersilienzweigen, nach Wunsch Salz und Pfeffer aufkochen. 12–15 Minuten köcheln lassen. Seelachsfilet mit einem Schaumlöffel herausheben, Flüssigkeit durch ein Sieb in einen Topf gießen. Reste im Sieb wegwerfen. Fond bei starker Hitze kochen, bis die Flüssigkeit auf 6 Eßlöffel reduziert ist. Von der Kochstelle nehmen, beiseite stellen.

2 Seelachs im Mixer oder mit dem Mixstab pürieren. Zum Verschließen der Rouladen aus dem Parmaschinken 8 lange Streifen schneiden, beiseite legen. Für die Füllung restlichen Schinken klein schneiden und mit Seelachspüree und gehackter Petersilie mischen. Mit Salz und Pfeffer würzen.

3 Seezungenfilets mit der Hautseite nach oben legen. Die Füllung auf die Mitte der Filets verteilen. Die Enden übereinanderschlagen, damit die Füllung nicht herausfallen kann. Jedes Filet mit 2 Schinkenstreifen zusammenbinden, mit Zahnstochern fixieren. Nebeneinander in eine gefettete, ofenfeste Form legen. 4 Eßlöffel des Fischfonds mit saurer Sahne verrühren, über den Fisch gießen. Im vorgeheizten Ofen bei 190 Grad ca. 20 Minuten garen.

4 Inzwischen 25 g Butter in einem Topf zerlassen. Schalotten darin bei schwacher Hitze ca. 5 Minuten glasig dünsten. Restliche Butter, Petersilie, etwas Zitronensaft und restlichen Fischfond unterrühren. Mit Salz und Pfeffer würzen. Masse zu einer Rolle formen, im Kühlschrank fest werden lassen.

5 Etwas Soße auf jeden Teller gießen, je ein Fischpäckchen daraufgeben. Mit einer Scheibe Schalotten-Butter und Brunnenkresse garnieren und servieren.

4 PORTIONEN

Vorbereitungszeit: 35–40 Minuten
Garzeit: ca. 20 Minuten
Ofentemperatur: 190 Grad, Gas Stufe 4, Umluft 180 Grad

SEETEUFEL MIT TOMATENSOSSE

- 600 g küchenfertiger Seeteufel (in 2-3 cm große Stücke geschnitten)
- 50 g Weizenmehl (Type 405)
- Salz und Pfeffer
- 2 Eßlöffel Sonnenblumenöl
- 50 g Butter
- 300 ml Weißwein
- 6 kleine Tomaten (gehäutet, entkernt und geviertelt)
- 150 g Crème double
- 3 Eßlöffel Schnittlauchröllchen

1 Fischstücke im Mehl wenden. Mit Salz und Pfeffer würzen. Öl und Butter in einem Topf erhitzen. Fisch darin bei mittlerer Hitze 4–6 Minuten braten, bis er gar ist. Herausnehmen und warm stellen.

2 Bratöl abgießen. Wein in den Topf gießen und bei starker Hitze auf die Hälfte reduzieren. Tomaten, Crème double und Schnittlauchröllchen zugeben und ca. 2 Minuten kochen. Nach Geschmack würzen. Fisch in die Soße geben und sofort servieren.

4 PORTIONEN
Vorbereitungszeit: ca. 5 Minuten
Garzeit: ca. 20 Minuten

TINTENFISCH MIT KRÄUTERN

Tintenfische sollten nur ganz kurz gegart werden, sonst werden sie zäh und ungenießbar. Lassen Sie die Tintenfische vom Fischhändler küchenfertig vorbereiten.

- 800 g küchenfertige Tintenfische (Kalmar oder Sepia)
- 4 Eßlöffel Olivenöl
- 3–4 Knoblauchzehen (in dicke Scheiben geschnitten)
- Salz und Pfeffer
- 2 Eßlöffel gehackter Thymian
- 1 Eßlöffel gehackte Petersilie
- Saft von 1/2 Zitrone
- Zitronenachtel zum Garnieren

1 Tintenfische rautenförmig einschneiden und große Tentakeln (Fangarme) halbieren. Olivenöl im Wok erhitzen und Knoblauch darin bei mittlerer Hitze bräunen. Herausnehmen und wegwerfen. Tintenfische mit Salz und Pfeffer würzen.

2 Die Tintenfische bei starker Hitze ca. 1 Minute im heißen Knoblauchöl braten. Dann die Kräuter darüberstreuen und mit Zitronensaft beträufeln. Mit Zitronenachteln garnieren und sofort servieren. Ofenfrisches Baguette oder Fladenbrot dazu reichen.

4 PORTIONEN

Vorbereitungszeit: ca. 10 Minuten

Garzeit: ca. 2 Minuten

HUMMER MIT ARTISCHOCKEN

- 6 Artischocken
- 3 gekochte Hummer (Rohgewicht à ca. 600 g)
- 75 g Butter
- 300 ml trockener Weißwein
- 300 g Crème fraîche
- feines Meersalz
- Pfeffer
- 1 Prise Muskat
- 3 Eßlöffel fein gehackte(r) Kerbel oder glatte Petersilie
- Zitronenachtel zum Garnieren

1 Artschockenstiele unter dem Blütenkopf abbrechen. Köpfe in einen großen Topf geben, reichlich Wasser zugießen und aufkochen. Zugedeckt 30–40 Minuten (je nach Größe) kochen, bis sich ein Blatt leicht ablösen läßt. Abtropfen und abkühlen lassen.
2 Inzwischen den Hummer vorbereiten. Dazu den Hummer mit gestrecktem Schwanz auf ein Brett legen, den Brustkörper der Länge nach mit einem stabilen Messer mit kräftigem Druck durchtrennen. Den Gallensack hinter dem Kopf mit anhängendem Darm herauslösen, wegwerfen. Corail, falls vorhanden, herauslösen, in eine Schüssel geben.
3 Das hellgrüne, weiche Fleisch (Leber) und das weiche, rosafarbene Fleisch aus dem Kopf herauslösen und zum Corail geben. Die federartigen Kiemen herausnehmen und wegwerfen. Das Fleisch unter den Kiemen ebenfalls in die Schüssel geben.
4 Schwanzfleisch herauslösen. Die Scheren aufbrechen, Fleisch herausholen und mit dem Schwanzfleisch auf einen Teller legen. Nach Wunsch Fleisch aus großen Armen holen. Arme und Kruste können allerdings auch für Suppe verwendet werden. Schalen gut abbürsten und trockentupfen. Schwanzfleisch in Stücke schneiden.
5 Blätter von den abgekühlten Artischocken trennen. Beiseite stellen und später mit einer Vinaigrette servieren. Das Heu mit einem Teelöffel vorsichtig herausschaben. Die Artischockenböden klein schneiden.
6 50 g Butter in einem großen Topf erhitzen. Schwanzfleisch und Artischockenstücke darin 2–3 Minuten goldbraun braten. Herausnehmen, dabei abtropfen lassen, auf einen Teller geben und über einem Topf mit köchelndem Wasser warm halten.
7 Wein zur Artischocken-Hummer-Butter gießen, aufkochen, 2 Minuten kochen lassen. Bei mittlerer Hitze 4–5 Minuten kochen, bis die Hälfte der Flüssigkeit verdampft ist.
8 Crème fraîche unterrühren. Mit Salz, Pfeffer und Muskat würzen. Beiseite gestelltes Corail und andere Hummerteile aus der Schüssel zugeben und 3–4 Minuten köcheln lassen, bis eine cremige Soße entsteht. Restliche Butter untermischen.
9 Hummer- und Artischockenfleisch in die gesäuberten Krusten füllen. Soße darüber verteilen und mit Kerbel oder Petersilie bestreuen. Mit Zitronenachteln anrichten und einen grünen Salat dazu reichen. Dieses Gericht benötigt keine weiteren Beilagen.

6 PORTIONEN
Vorbereitungszeit: 45–60 Minuten
Garzeit: 40–55 Minuten

FISCH FÜR JEDEN TAG

GEFÜLLTE FISCHFILETS MIT GEBRATENEM GEMÜSE

Füllung und Fisch:
100 g Frischkäse
1 Eßlöffel gehackte Petersilie
fein abgeriebene Schale von ½ Limette
4 Schollenfilets (ohne Haut)
Salz und Pfeffer

Gemüse:
1 Eßlöffel Sonnenblumenöl
1 Zwiebel (in Ringe geschnitten)
2 Möhren (in dünne Streifen geschnitten)
2 Zucchini (in dünne Streifen geschnitten)
1 kleiner Fenchel oder 2 Stangen Staudensellerie (in Streifen geschnitten)
50 g Champignons (in dünne Scheiben geschnitten)

Zum Garnieren:
Schnittlauchröllchen
Limettenviertel

1 Für die Füllung Frischkäse, Petersilie, Limettenschale und 1 Eßlöffel Wasser mischen. Schollenfilets mit Salz und Pfeffer würzen und mit der Füllung bestreichen. Filets aufrollen und nebeneinander in eine kleine, ofenfeste Form legen. Mit Folie zudecken und im vorgewärmten Ofen bei 180 Grad ca. 20 Minuten garen.
2 Inzwischen zum Braten Öl im Wok oder in einer tiefen Pfanne bei starker Hitze erhitzen. Zwiebel, Möhren, Zucchini, Fenchel oder Sellerie und Champignons darin 2–3 Minuten unter Rühren bißfest braten. Auf zwei Tellern verteilen, Fischfilets daraufsetzen.
3 Schnittlauch darüberstreuen, mit Limettenvierteln garnieren und sofort servieren.

2 PORTIONEN
Vorbereitungszeit: ca. 15 Minuten
Garzeit: ca. 20 Minuten
Ofentemperatur: 180 Grad, Gas Stufe 3–4, Umluft 160 Grad

SCHMORTOPF MIT SCHWERTFISCH

- 1 Eßlöffel Olivenöl
- 2 rote Paprikaschoten (geputzt und gehackt)
- 1 Zwiebel (gehackt)
- 1 Knoblauchzehe (fein gehackt)
- 1 Eßlöffel Weißweinessig
- 1 Eßlöffel Tomatenmark
- 1 Eßlöffel fein gehackter Thymian
- 1/4 l Fischfond (siehe Seite 8)
- Salz und Pfeffer
- 250 g Staudensellerie (geputzt und in Scheiben geschnitten)
- 750 g Schwertfischfilet (gewürfelt)
- 250 g Langkornreis
- 8 entsteinte, schwarze Oliven (in Scheiben geschnitten)
- gehackter Thymian zum Garnieren

1 Öl in einer Pfanne erhitzen. Paprika und Zwiebel darin bißfest dünsten. Knoblauch, Essig, Tomatenmark, Thymian und Fischfond zugeben und alles ca. 5 Minuten köcheln lassen. Mit Pfeffer und Salz würzen.

2 Mischung pürieren und in eine ofenfeste Form füllen. Sellerie und Schwertfisch zugeben und aufkochen. Zugedeckt im vorgeheizten Ofen bei 175 Grad 20–30 Minuten garen.

3 Inzwischen Reis mit der doppelten Menge Wasser und etwas Salz in einem Topf aufkochen. Zugedeckt bei mittlerer Hitze 12–14 Minuten garen, bis alle Flüssigkeit aufgenommen ist.

4 Reis mit einer Gabel auflockern. Die Oliven untermischen und warm stellen. Dabei zwischen Topfdeckel und Topf ein Küchentuch klemmen, damit der Reis nicht zusammenklebt. Fisch auf einem vorgewärmten Servierteller anrichten. Mit Thymian bestreuen und Reis dazu reichen.

4 PORTIONEN

Vorbereitungszeit: ca. 15 Minuten
Garzeit: ca. 45 Minuten
Ofentemperatur: 180 Grad, Gas Stufe 2, Umluft 160 Grad

FISCH MIT CHILISOSSE

- 250 g Langkornreis
- 1/2 Teelöffel Salz
- 500 g Fischfilet (z.B. Kabeljau oder Scholle, in 5 cm große Stücke geschnitten)
- Mehl zum Wenden
- 300 ml Öl

CHILISOSSE:

- 2 Teelöffel fein gehackter Ingwer
- 1 Eßlöffel gehackte Lauchzwiebel
- 3 Eßlöffel trockener Sherry
- 1 Eßlöffel Sojasoße
- 2 Teelöffel Zucker
- je 1 Teelöffel Salz und Essig
- 1/2–1 Eßlöffel Chilisoße (Fertigprodukt)

1 Reis, die doppelte Menge Wasser und Salz aufkochen, zugedeckt ca. 15 Minuten köcheln lassen, bis der Reis gar und die Flüssigkeit aufgenommen ist.

2 Inzwischen alle Zutaten für die Soße in einer Schüssel mischen und beiseite stellen. Fischstücke im Mehl wenden. Öl in einer tiefen Pfanne erhitzen und Fisch darin ca. 3 Minuten braten. Mit einem Schaumlöffel herausnehmen, Öl erneut erhitzen. Fisch wieder in die Pfanne geben, knusprig braten. Mit dem Schaumlöffel herausnehmen, auf Küchenpapier abtropfen lassen und auf einem vorgewärmten Servierteller anrichten. Öl aus der Pfanne gießen, Soße in die Pfanne gießen, ca. 2 Minuten kochen, über dem Fisch verteilen.

4 PORTIONEN

Vorbereitungszeit: 10–15 Minuten
Garzeit: ca. 20 Minuten

CURRY MIT GARNELEN UND MANGO

- 2 Eßlöffel Erdnußöl
- 1 rote Zwiebel (fein gehackt)
- 2 Knoblauchzehen (durch die Presse gedrückt)
- 4 Eßlöffel milde Currypaste
- 400 ml Kokosnußmilch
- Saft von 1 Limette
- 2 Eßlöffel gemahlene Mandeln
- 24 Riesengarnelen (roh, geschält)
- Salz
- 1 kleine, reife Mango (geschält und gewürfelt)
- 2 Eßlöffel grob gehacktes Koriandergrün zum Servieren

1 Öl in einem schweren Topf erhitzen. Zwiebel und Knoblauch darin bei schwacher Hitze unter ständigem Rühren ca. 4 Minuten glasig dünsten. Currypaste unterrühren und weitere 2 Minuten dünsten.
2 Kokosnußmilch und Limettensaft zugießen, verrühren und ca. 3 Minuten köcheln lassen. Mandeln und Garnelen zugeben, mit Salz würzen. Weitere 3 Minuten bei schwacher Hitze köcheln, bis sich die Garnelen rosa gefärbt haben und die Soße andickt.
3 Mangowürfel unterrühren und ca. 1 Minute mitkochen. Nach Wunsch abschmecken. Curry auf einem vorgewärmten Servierteller anrichten, mit gehacktem Koriandergrün bestreuen und sofort servieren.

4 PORTIONEN
Vorbereitungszeit: ca. 10 Minuten
Garzeit: ca. 15 Minuten

INDISCHES FISCHCURRY

Das Curry erhält seine Schärfe durch die Zugabe von Tamarinde.

- 750 g Kabeljaufilet (in ca. 10 cm große Stücke geschnitten)
- 1 Teelöffel Kurkumapulver
- ½ Teelöffel Salz
- 100 g getrocknetes Tamarindenfruchtfleisch
- 4 Eßlöffel Erdnußöl
- 1 Eßlöffel Currypulver
- 2 Teelöffel Kreuzkümmelsamen
- 2 Zwiebeln (in dünne Ringe geschnitten)
- 2 grüne Chilischoten (geputzt, in Ringen)
- 2 Eßlöffel Madras-Currypaste
- 4 kleine Tomaten (geviertelt)
- 4 Eßlöffel grob gehacktes Koriandergrün

1 Kabeljaufilet mit Kurkuma und Salz einreiben und in eine flache Schüssel geben, die nicht aus Metall besteht.
2 Tamarinde in 300 ml kochendem Wasser ca. 1 Stunde einweichen. Fest durch ein Sieb drücken, damit die Flüssigkeit möglichst viel Tamarindengeschmack annimmt. Fruchtfleisch wegwerfen und Tamarindenwasser über den Fisch gießen. Zugedeckt ca. 1 Stunde im Kühlschrank marinieren.
3 In der Zwischenzeit Öl in einem schweren Topf erhitzen. Currypulver und Kreuzkümmel zugeben und bei mittlerer Hitze ca. 1 Minute anbraten.
4 Zwiebelringe und Chilischoten zufügen und ca. 3 Minuten mitdünsten, bis sie gar, aber nicht gebräunt sind. Currypaste unterrühren und weitere 2 Minuten kochen lassen.
5 Fisch aus dem Tamarindenwasser nehmen und beiseite stellen. Tamarindenwasser und Tomaten in den Topf geben und mischen. Currysoße ca. 10 Minuten bei schwacher Hitze köcheln lassen.
6 Fisch und gehackten Koriander zugeben. Zugedeckt ca. 8 Minuten kochen, bis der Fisch gar ist. Nach Wunsch abschmecken. Mit Reis servieren.

4 PORTIONEN
Vorbereitungszeit: ca. 15 Minuten, plus Marinierzeit
Garzeit: ca. 25 Minuten

THUNFISCH MIT TOMATEN

- 4 Thunfischsteaks (à ca. 150 g)
- Salz und Pfeffer
- Mehl zum Bestäuben
- 3 Eßlöffel Olivenöl
- 1 Zwiebel (gehackt)
- 2 Knoblauchzehen (durch die Presse gedrückt)
- 750 g Tomaten (gehäutet und gehackt)
- 2 Eßlöffel gehackte Petersilie
- 4–6 Basilikumblätter (fein geschnitten)
- 1 Lorbeerblatt
- 4 Sardellenfilets (zerdrückt)
- 8 schwarze Oliven

1 Thunfischsteaks waschen und mit Küchenpapier trockentupfen. Mit Salz und reichlich Pfeffer würzen und mit etwas Mehl bestäuben.

2 Die Hälfte des Olivenöls in einer Pfanne erhitzen und die Thunfischsteaks darin auf beiden Seiten goldbraun braten. Mit dem Schaumlöffel herausnehmen und auf einem Teller beiseite stellen.

3 Restliches Öl in der Pfanne erhitzen. Zwiebel und Knoblauch darin ca. 3 Minuten dünsten, bis sie gar und goldbraun sind. Tomaten, Petersilie, Basilikum, Lorbeerblatt und zerdrückte Sardellenfilets zugeben, verrühren und ca. 2 Minuten dünsten. Die Tomaten sollen nicht zerfallen.

4 Fisch wieder in die Pfanne geben, mit Salz und Pfeffer würzen. Zirca 10 Minuten erhitzen, dabei einmal wenden. Herd ausschalten. Oliven unterrühren und alles ca. 5 Minuten ziehen lassen.

5 Lorbeerblatt herausnehmen. Das Gemüse auf vier vorgewärmte Teller verteilen, Thunfischsteaks darauf anrichten, sofort servieren.

4 PORTIONEN

Vorbereitungszeit: ca. 15 Minuten
Garzeit: ca. 20 Minuten

GEDÄMPFTE FORELLE AUF CHINESISCHE ART

Asiatische Dämpfeinsätze aus Bambus sind in verschiedenen Größen erhältlich und als Einsatz für jeden Wok oder Topf geeignet. Statt in einen Dämpfeinsatz können Sie das Gargut auch auf einen Teller geben, der in den Wok paßt. Den Teller dann auf eine umgedrehte Tasse in den Wok oder Topf stellen. Wichtig ist, daß der Deckel auch dann noch fest schließt.

- 1 Eßlöffel Sesamöl
- 1 Eßlöffel helle Sojasoße
- 1 Eßlöffel trockener Sherry
- 2 küchenfertige Regenbogenforellen (à ca. 250 g)
- 4 Knoblauchzehen (in dünne Scheiben geschnitten)
- 6 Lauchzwiebeln (in dünne Scheiben geschnitten)
- 5 cm Ingwer (geschält und gerieben)
- 2 Eßlöffel trockener, weißer Wermut
- 2 Eßlöffel Öl

1 Sesamöl, Sojasoße und Sherry verrühren. Fische von innen und außen damit bestreichen.

2 Knoblauch, Lauchzwiebeln und Ingwer mischen und die Forellen mit je ¼ der Mischung füllen.

3 Forellen auf einen ofenfesten Teller legen. Restliche Knoblauch-Mischung, Wermut und Öl darauf verteilen. Topf oder Wok 2 cm hoch mit Wasser füllen. Teller wie oben beschrieben in Wok oder Topf stellen. Fische bei starker Hitze in ca. 15 Minuten gar dämpfen.

4 Auf Porreegemüse anrichten. Die Garflüssigkeit darübergießen und sofort servieren.

2 PORTIONEN

Vorbereitungszeit: ca. 10 Minuten

Garzeit: ca. 15 Minuten

SEEZUNGE MIT ERDNUSS-SOSSE

ERDNUSS-SOSSE:

- 1 Eßlöffel Öl
- je 1 Teelöffel Korianderkörner, Kreuzkümmel- und Fenchelsamen (zerstoßen)
- 2 Knoblauchzehen (fein gehackt)
- 150 g Erdnußbutter mit Stückchen
- 1 Teelöffel brauner Zucker
- 2 grüne Chilischoten (geputzt, gehackt)
- 400 ml Kokosnußmilch
- 3 Eßlöffel Zitronen- oder Limettensaft

FISCHRÖLLCHEN:

- 25 g Butter
- 1 Schalotte (sehr fein gehackt)
- je 1 Eßlöffel Schnittlauchröllchen, gehackte(r) Estragon und Petersilie
- abgeriebene Schale von 1/2 unbehandelten Zitrone
- 8 Seezungenfilets
- 1 Ei (verschlagen)
- 4-5 Eßlöffel frische Brotkrumen
- Öl zum Fritieren
- frische, chinesische Eiernudeln

1 Für die Soße Öl im Wok erhitzen. Koriander und Samen darin ca. 2 Minuten braten. Knoblauch, Erdnußbutter, Zucker, Chilis und Kokosnußmilch zugeben und bei mittlerer Hitze 7–8 Minuten kochen lassen. Limetten- oder Zitronensaft unterrühren. Zudecken und warm stellen.

2 Butter erhitzen, Schalotte darin ca. 1 Minute glasig dünsten. Kräuter und Zitronenschale zugeben. Etwas abkühlen lassen und gleichmäßig über den Fischfilets verteilen. Filets aufrollen, mit Holzspießchen fixieren, im Ei und in den frischen Brotkrumen wenden.

3 Öl im Wok oder der Friteuse erhitzen. Seezungenfilets darin 4–5 Minuten goldbraun fritieren. Mit einem Schaumlöffel herausnehmen, auf Küchenpapier abtropfen lassen, auf einen vorgewärmten Servierteller legen. Nudeln kurz im Fett fritieren, auf Küchenpapier entfetten.

4 Erdnußsoße auf vier vorgewärmten Tellern verteilen, Nudeln darübergeben und mit den Fischfilets abschließen. Mit Schnittlauch nach Wunsch garnieren und servieren.

4 PORTIONEN

Vorbereitungszeit: ca. 35 Minuten
Garzeit: 15–20 Minuten

SEETEUFEL IN KRÄUTERSOSSE

Der feine Geschmack von Fisch wird durch die Zugabe von Kräutern betont. Verwenden Sie möglichst frische Kräuter.

- 1 Seeteufel (ca. 600 g, in Medaillons geschnitten)
- 1 Bouquet garni (Kräutersträußchen)
- 150 ml trockener Weißwein
- Salz und Pfeffer
- 125 g Butter
- 2-3 Schalotten (fein gehackt)
- 2 kleine Porreestangen (in dünne Scheiben geschnitten)
- je 2 Eßlöffel gehackte Petersilie, Brunnenkresse, Thymian- und Majoranblätter

1 Fischmedaillons und Bouquet garni mit Wein, Salz und Pfeffer in einen Topf geben. Aufkochen und im geschlossenen Topf bei schwacher Hitze ca. 6 Minuten köcheln lassen, bis der Fisch gar ist. Von der Kochstelle nehmen und abkühlen lassen.
2 Fisch mit dem Schaumlöffel aus der Flüssigkeit nehmen und gut abtropfen lassen.
3 Bouquet garni herausnehmen und wegwerfen. Flüssigkeit bei starker Hitze auf die Hälfte einkochen. In eine Tasse gießen, beiseite stellen. Topf mit Küchenpapier auswischen.
4 Butter im Topf erhitzen und Schalotten und Porree darin ca. 5 Minuten dünsten. Alle Kräuter unterrühren.
5 Fisch und beiseite gestellte Flüssigkeit zurück in den Topf geben. Langsam erhitzen und nach Wunsch würzen. Sofort servieren. Als Beilage passen dazu neue Kartoffeln oder einfach ofenwarmes Baguette.

4 PORTIONEN
Vorbereitungszeit: ca. 12 Minuten
Garzeit: 15–20 Minuten

SPAGHETTI ALLE VONGOLE

- 1 kg frische Venusmuscheln
- 150 ml trockener Weißwein
- 2 Eßlöffel Olivenöl
- 3 Knoblauchzehen (fein gehackt)
- 750 g Tomaten (gehäutet und gehackt)
- Salz und Pfeffer
- 2 Eßlöffel gehackte glatte Petersilie
- 500 g Spaghetti oder Spaghettini

1 Muscheln unter fließendem kalten Wasser gründlich abbürsten, dabei die Bärte entfernen. Exemplare, die sich beim Daraufklopfen nicht schließen, wegwerfen. Geschlossene Muscheln in einen Topf geben, Wein zugießen und zugedeckt ca. 5 Minuten kochen. Abgießen, Garflüssigkeit auffangen. Alle ungeöffneten Muscheln wegwerfen.
2 Öl in einem Topf erhitzen und Knoblauch darin goldbraun braten. Tomaten zugeben und ca. 10 Minuten bei schwacher Hitze köcheln lassen.
3 Nudeln in kräftig gesalzenem Wasser nach Packunganweisung bißfest kochen.
4 In der Zwischenzeit Muscheln, Garflüssigkeit und Petersilie zur Tomatenmischung geben. Nach Wunsch würzen und alles ca. 5 Minuten erhitzen. Pasta abgießen, abtropfen lassen und mit der Soße mischen. Auf vier vorgewärmten Serviertellern anrichten und sofort servieren.

4-6 PORTIONEN
Vorbereitungszeit: ca. 20 Minuten
Garzeit: 25–30 Minuten

PASTA MIT MEERESFRÜCHTEN

- 500 g Öhrchen- oder Muschelnudeln
- Salz
- 50 g Butter
- 1 Zwiebel (fein gehackt)
- 1 Knoblauchzehe (durch die Presse gedrückt)
- 50 g Weizenmehl (Type 405)
- ½ l Gemüsebrühe
- 150 ml Weißwein
- 150 g Seeteufel (gewürfelt)
- 6 ausgelöste Jakobsmuscheln (geviertelt)
- 200 g Garnelen (gekocht und geschält)
- 1 Eßlöffel gehackte Majoranblätter
- Pfeffer
- 150 g Sahne

1 Nudeln in kräftig gesalzenem Wasser nach Packunganweisung bißfest kochen.

2 In der Zwischenzeit Butter in einem Topf erhitzen. Zwiebel und Knoblauch darin ca. 2 Minuten glasig dünsten. Mehl unterrühren und ca. 1 Minute kochen lassen. Brühe und Wein unter ständigem Rühren zugeben und aufkochen.

3 Seeteufel und Muscheln zugeben und 2–3 Minuten bei mittlerer Hitze kochen.

4 Garnelen und Majoran unterrühren. Mit Salz und Pfeffer würzen. Bei schwacher Hitze ca. 1 Minute köcheln lassen. Sahne zugeben und erhitzen.

5 Nudeln abgießen, abtropfen lassen und mit der Hälfte der Soße mischen. Auf vier vorgewärmten Tellern anrichten. Restliche Soße darübergeben, nach Wunsch mit Petersilie bestreuen und sofort servieren.

4-6 PORTIONEN

Vorbereitungszeit: ca. 15 Minuten
Garzeit: ca. 20 Minuten

REIS MIT MEERESFRÜCHTEN

- 6 Eßlöffel Olivenöl
- 200 g Seeteufel (in Stücke geschnitten)
- 200 g küchenfertiger Tintenfisch (in Ringe geschnitten)
- 1 große Zwiebel (fein gehackt)
- 6 Tomaten (gehäutet, entkernt und gehackt)
- 2 Teelöffel Paprikapulver
- 1 große Knoblauchzehe (durch die Presse gedrückt)
- Salz und Pfeffer
- 400 g Langkornreis
- 800 ml Fischfond (siehe Seite 8) oder Hühnerbrühe
- 500 g Miesmuscheln (abgebürstet und Bärte entfernt)
- 200 g Garnelen (gekocht und geschält)

1 Öl in einem großen Topf erhitzen. Seeteufel und Tintenfisch darin goldbraun braten. Zwiebel, Tomaten, Paprika und Knoblauch zugeben. Mit Salz und Pfeffer würzen. Unter ständigem Rühren 1–2 Minuten kochen.
2 Reis und Brühe zufügen und aufkochen lassen. Bei schwacher Hitze ca. 5 Minuten ohne Rühren köcheln lassen.
3 Muscheln und Garnelen auf den Reis geben (nicht untermischen!) und weitere 15 Minuten kochen, bis alle Flüssigkeit vom Reis aufgenommen ist.
4 Ungeöffnete Muscheln herausnehmen und wegwerfen. Meeresfrüchte unter den Reis mischen, servieren.

4-6 PORTIONEN
Vorbereitungszeit: ca. 15 Minuten
Garzeit: ca. 40 Minuten

GEGARTER HEILBUTT MIT ROSMARIN

- Olivenöl für die Folie und zum Beträufeln
- 4 Heilbuttsteaks (à ca. 250 g)
- Meersalz
- Pfeffer
- 125 g fein gehackte Schalotten
- 750 g Tomaten (gehäutet und fein gehackt)
- 2 Eßlöffel gehackte Rosmarinblätter
- Rosmarinzweige zum Garnieren

1 Vier große Stücke aus fester Alufolie schneiden, so daß die Heilbuttsteaks darin eingewickelt werden können. Folie mit Olivenöl bestreichen. Steaks von jeder Seite mit Salz und Pfeffer würzen und auf die Folie legen. Schalotten über dem Fisch verteilen und Tomaten darübergeben. Mit gehacktem Rosmarin bestreuen. Jedes Steak mit etwas Olivenöl beträufeln und in der Folie einwickeln.
2 Fischpäckchen auf ein Backblech legen und im vorgeheizten Ofen bei 180 Grad ca. 15 Minuten garen. Heilbuttsteaks vor dem Servieren mit Rosmarinzweigen garnieren. Dazu passen grob zerdrückte Petersilienkartoffeln und knackiger grüner Salat.

4 PORTIONEN
Vorbereitungszeit: ca. 15 Minuten
Garzeit: ca. 15 Minuten
Ofentemperatur: 180 Grad, Gas Stufe 2–3, Umluft 160 Grad

HERING IN INGWERSOSSE

INGWER-HONIG-SOSSE:
- 2 Eßlöffel Rotweinessig
- 1 Eßlöffel Sojasoße
- 2 Eßlöffel trockener Sherry
- 2 Eßlöffel flüssiger Honig
- 1 Eßlöffel Ingwerpulver
- 2 Eßlöffel Speisestärke
- Pfeffer
- 1 Prise Cayennepfeffer
- 2½ cm frischer Ingwer (geschält und fein gehackt)

FISCH UND GEMÜSE:
- 8 Heringsfilets
- 2 Möhren (in dünne Streifen geschnitten)
- 2 Stangen Staudensellerie (in dünne Streifen geschnitten)
- 1 rote Paprikaschote (geputzt und in dünne Streifen geschnitten)
- 1 grüne Paprikaschote (geputzt und in dünne Streifen geschnitten)
- 1 große Zwiebel (in dünne Ringe geschnitten)

1 Für die Ingwer-Honig-Soße alle Zutaten in einer Schüssel mischen.
2 Heringsfilets in eine flache Form legen und die Soße darübergießen. Zugedeckt mindestens 2 Stunden im Kühlschrank marinieren.
3 Anschließend Fischfilets in der Soße wenden. Möhren, Sellerie, Paprika und Zwiebel zugeben. Die Form mit Folie zudecken und das Gericht im vorgeheizten Ofen bei 190 Grad 25–30 Minuten garen.
4 Gemüse auf vier Tellern verteilen. Heringe daraufgeben, sofort servieren.

4 PORTIONEN
Vorbereitungszeit: ca. 15 Minuten, plus Marinierzeit

Garzeit: 25–30 Minuten
Ofentemperatur: 190 Grad, Gas Stufe 3, Umluft 170 Grad

MAKRELENSALAT MIT FRÜCHTEN

- 4 geräucherte Makrelenfilets (ohne Haut)
- 2 große Orangen (geschält, in dünne Scheiben geschnitten)
- 2 Äpfel (entkernt, in dünne Scheiben geschnitten)
- 2 Stangen Staudensellerie (in dünne Scheiben geschnitten)
- 2 Eßlöffel Walnußkerne (halbiert)
- Endivienblätter oder grüner Salat (nach Wunsch)
- 4 dünne Orangenscheiben zum Garnieren

ORANGENDRESSING:

- 1 Teelöffel geriebene Orangenschale
- 3 Eßlöffel Orangensaft
- 2 Teelöffel Tomatensaft
- 1 große Prise Cayennepfeffer
- 1 Eßlöffel flüssiger Honig
- 2 Eßlöffel feine Schnittlauchröllchen

1 Jedes Makrelenfilet in 4 Stücke schneiden.

2 Für das Orangendressing alle Zutaten in einer großen Schüssel mischen.

3 Orangen, Äpfel, Sellerie und Walnüsse zum Dressing geben und unterheben. Dann die Fischstücke vorsichtig untermischen.

4 Nach Wunsch vier Teller mit Salatblättern auslegen und den Makrelen-Früchte-Salat darüber verteilen. Mit Orangenfilets garnieren.

4 PORTIONEN

Vorbereitungszeit: ca. 25 Minuten

ITALIENISCHER MEERESFRÜCHTE-SALAT

DRESSING:

- 3 Eßlöffel Sonnenblumenöl
- 6 Eßlöffel trockener Weißwein
- 1 Eßlöffel Zitronensaft
- 1 kleine Zwiebel oder Schalotte (fein gehackt)
- 1 Knoblauchzehe (durch die Presse gedrückt)
- 1 rote Paprikaschote (geputzt und fein gehackt)
- Salz und Pfeffer

SALAT:

- 500 g gegartes, weißes Fischfilet (z. B. Schollenfilet, in ca. 5 cm große Stücke geschnitten)
- 150 g Garnelen (gekocht, geschält)
- 40 g Sardellenfilets (abgetropft und gehackt)
- 4 Eßlöffel schwarze Oliven (entsteint und in Scheiben geschnitten)
- 2 Eßlöffel gehackter junger Fenchel
- gehacktes Fenchelgrün zum Garnieren

1 Für das Dressing alle Zutaten aufkochen. Von der Kochstelle nehmen und abkühlen lassen.

2 Fisch, Garnelen, Sardellen, Oliven und Fenchel in einer Schüssel vorsichtig mischen. Abgekühltes Dressing vorsichtig unterheben. Mit gehacktem Fenchelgrün garnieren.

4–6 PORTIONEN

Vorbereitungszeit: ca. 25 Minuten, plus Kühlzeit

Garzeit: ca. 5 Minuten

WÜRZIGE FISCHKÜCHLEIN

- 300 ml Milch plus 1 Eßlöffel
- 1 Lorbeerblatt
- 500 g Seelachs- oder anderes, weißes Fischfilet (ohne Haut)
- 25 g Butter oder Margarine
- 1 kleine Zwiebel (fein gehackt)
- 1 grüne Paprikaschote (fein gehackt)
- ½ Teelöffel Chilipulver (nach Wunsch)
- 2 Eßlöffel Weizenmehl (Type 1050)
- Salz
- 1 Ei (verschlagen)
- 4 Eßlöffel Vollkorn-Brotkrumen
- 50 g Erdnüsse (fein gehackt)
- 2 Eßlöffel Sonnenblumenöl
- fein gehackte Lauchzwiebeln zum Garnieren

MINZE-JOGHURT-SOSSE:

- 3 Lauchzwiebeln (fein gehackt)
- 2 Eßlöffel gehackte Minze
- 1 Teelöffel Zitronensaft
- 150 g griechischer Joghurt (gekühlt)

1 300 ml Milch und Lorbeerblatt in einen Topf geben. Fisch darin ca. 10 Minuten pochieren, einmal wenden. Dann herausheben, etwas abkühlen, abtropfen lassen und hacken. Milch beiseite stellen.

2 Inzwischen für die Soße Lauchzwiebeln, Minze und Zitronensaft unter den Joghurt rühren. Zugedeckt im Kühlschrank bis zum Servieren kalt stellen.

3 Fett in einem Topf erhitzen. Zwiebel und grüne Paprika darin bei mittlerer Hitze ca. 3 Minuten unter gelegentlichem Rühren dünsten. Chilipulver zugeben und ca. 1 Minute kochen. Mehl unterrühren. Beiseite gestellte Milch unter ständigem Rühren zugießen, bis die Soße kocht und ca. 3 Minuten köcheln lassen. Soße gut umrühren, von der Kochstelle nehmen und Fisch unterheben. Mit Salz würzen. Die Hälfte des Eis zugeben. Mischung abkühlen lassen. Daraus 8 flache, kleine Küchlein formen. Brotkrumen und Erdnüsse mischen.

4 Restliches Ei mit 1 Eßlöffel Milch verrühren. Fischküchlein in der Ei-Milch, dann in der Brotkrumen-Erdnuß-Mischung wenden. Öl in einer Pfanne erhitzen, Küchlein darin auf jeder Seite 3–4 Minuten braten.

5 Etwas Soße auf jeden Teller geben, Küchlein darauflegen und mit Lauchzwiebeln garnieren. Die restliche Soße getrennt dazu reichen.

4 PORTIONEN

Vorbereitungszeit: ca. 25 Minuten
Garzeit: ca. 35 Minuten

MAKRELE MIT ORANGEN

- 3 unbehandelte Orangen
- 25 g Margarine oder Butter
- 2 Lauchzwiebeln (fein gehackt)
- 2 zarte Stangen Staudensellerie (fein gehackt)
- 100 g gekochter Naturreis (enspricht ca. 30 g ungekochtem Reis)
- ½ Eßlöffel getrockneter Rosmarin (zerkrümelt)
- 40 g Walnußkerne (gehackt)
- Salz und Pfeffer
- 8 Makrelenfilets

1 Die Orangen heiß waschen. Von 1 Orange die Schale abreiben und den Saft auspressen. Von 1 weiteren Orange mit dem Zestenreißer lange Streifen abschälen und zum Garnieren beiseite legen. Dann die Orange schälen und das Fruchtfleisch hacken. Die letzte Orange dick schälen, Filets herauslösen und zum Garnieren beiseite legen.
2 Fett in einem Topf erhitzen. Zwiebeln und Sellerie darin bei mittlerer Hitze ca. 3 Minuten unter gelegentlichem Rühren braten.
3 Topf von der Kochstelle nehmen. Reis, Rosmarin, Orangenschale, gehacktes Orangenfruchtfleisch, die Hälfte des Safts und Walnüsse unterrühren. Mit Salz und Pfeffer würzen.
4 Makrelenfilets mit der Mischung füllen und aufrollen. Restliche Füllung auf ein Backblech geben und die aufgerollten Makrelen darauflegen. Mit Alufolie zudecken und im vorgeheizten Ofen bei 190 Grad 25–30 Minuten garen.
5 Makrelen mit Orangenscheiben und -schalenstreifen garnieren. Dazu paßt ein grüner Salat mit würzigem Zitronendressing.

4 PORTIONEN
Vorbereitungszeit: ca. 15 Minuten
Garzeit: 30–35 Minuten
Ofentemperatur: 190 Grad, Gas Stufe 3, Umluft 170 Grad